これからを稼ごう

仮想通貨と
未来のお金の話

堀江貴文

徳間書店

いつまで君は
円建てで人生を
考えているんだろう?

Introduction ―― 仮想通貨は問いかける

「お金というのは経済を回していくための道具に過ぎません」

「今後、さらに紙幣や硬貨は電子マネー化し、どんどん便利に、同時に実体がなかなかつかめないものになっていくでしょう」

「お金そのものも進化しているのです。だから、使う人間も知識で武装し、便利な道具として使いこなしていけばいいのです」

これは僕が昔、著書『お金はいつも正しい』で述べた言葉だ。

この本が出たのは2011年。7年ほど前から、僕はすでに仮想通貨の基本的な解釈を、世に問うていたのだ。

先見の明を自慢したいわけではない。お金の本質を正しく理解して、真っ当にビジネスをしていれば、自ずと確立できる普通の考え方だ。なのに当時から、正しく理解している人があまりにも少なかったのは、不思議でならなかった。

近年、仮想通貨ブームである。

「億り人」なる、新興富裕層の出現や、人気タレントの参入などで、広く世間に知られるものとなった。それによって硬貨や紙幣の示す効力が、以前ほどの強さではなくなってきている（まだ最強には違いないが）。

「お金とは単なる信用を数値化した道具であり、中央集権国家の管理下でなくとも、人々の知恵で使い方を創造できる」という、僕が訴え続けていた事実が、ようやく一般的なところまで理解されるようになってきた。それ自体は嬉しいと思う。

しかし、仮想通貨を新たな儲け話としか認識していない人たちも、かなりいるようだ。そう思いたければそれでもいいが、結局はまだみんなお金の不安から解放されていない。

仮想通貨は、貯金や投資にとって代わる画期的な財テク術ではない。

儲かる、儲からないの考え方で捉えていると、本質を見失う。

仮想通貨は、僕たちの〝これから〟の未来を豊かな方向へデザインする、テクノロジーのひとつだ。

このテクノロジーは自走式であり、進化と成熟の行く先は、まだ誰にもわからない。従来型の貨幣については有用性のパターンは出尽くしたようだけど、仮想通貨に関しては未知数だ。

仮想通貨の浸透は、お金の正体を社会全体へ問いかけている。

さらなる一般化で、古い市場観が覆され、数えきれないほど多様な経済圏の出現が実現されるのではないか。そうなると、人々を管理する国にとっては困るかもしれないが、非常に面白い。

僕たちは本当の意味で、お金の不安、ひいては何者かにマインドを縛られる生き方から、解放される転換点を迎えているのだ。

勘違いしてほしくはないが、僕はお金が役割を終えると言いたいわけではない。

お金はお金で、みんなまだ使い続けるだろう。

けれど、お金の役割とは何なのか？

国家の仕切る経済圏は、終わりつつあるのではないか？という大きな問いかけが、テクノロジーを通して、世に投げかけられている。その現象を理解する上で本書は最適のガイドとなる。

仮想通貨を巡る議論の中で、5月にこんなことがあった。

マイクロソフト創業者のビル・ゲイツが、CNBCのインタビューで「ビットコインは何も生産していないので、資産としては価値の上昇を期待すべきではない。ビットコインへの参入は、真の大馬鹿理論投資といえる」と語った。

ゲイツは以前から、ビットコインに対してはひどく懐疑的だ。たびたび痛烈な批判を繰り返している。また世界一の投資家ウォーレン・バフェットも、「ビットコインは殺鼠剤を2乗したほどの殺傷力がある」と述べている。

彼らは、ビットコインの基礎技術であるブロックチェーンについては評価しているけれど、仮想通貨に関しては一貫して否定的なスタンスだ。

ゲイツは3月にも「仮想通貨は、フェンタニル（麻酔薬としても用いられるが、麻薬だ）やその他の薬の購入に使用されており、死に直結する手段に利用される技術になってしまっている。ＩＣＯと仮想通貨に関する投機的な雰囲気は、長く続くと危険だ」と言っていた。

それらのベテラン億万長者たちのネガティブな発言に、若いＩＴ富豪は真っ向から反論を唱えた。

世界最大の仮想通貨取引所バイナンスの創業者ジャオ・チャンポンは「私は仮想通貨の未来を１００％確信している」と宣言した。

そして世界最大のビットコイン所有者と言われる、ウィンクルボス兄弟のタイラーとキャメロンは、「仮想通貨を否定する愚かなビットコインの懐疑派は、想像力の欠如に苦しむことになるだろう」と述べた。

ゲイツに対して、ウィンクルボス兄弟の怒りは激しい。著名な年長の富豪が発言すると相場に大きな影響が出てしまうので、よく知りもしないのに否定的な意見を言うのは無責任だ！　という言い分だろう。この点に関しては、僕はウィンクルボス兄弟に同意する。

いつの時代もテクノロジーを信じ、その能力を理解するのは、若者だ。

本書では仮想通貨の歴史と、ポイントとなる事件の解説、僕なりの解釈を書き留めた。僕自身は仮想通貨長者ではないが、こと日本においては、比較的早い時期からビットコインの仕組みと可能性を知っていた側として、なかなか説得力のある内容に構成できたと思う。

また、本書では監修を大石哲之さんにお願いした。

起業経験もある実業家で、日本デジタルマネー協会の理事も務められている、日本のビットコインのエキスパートだ。日進月歩のテクノロジーについて、正確な記述をする上で、彼ほど信頼できる監修者はいないだろう。今回とてもお世話になった。

比較的、本書は初心者にもわかりやすくまとめたつもりだが、ある程度、知識が前段階で整っていると、さらに興味を深めてもらえると思う。

仮想通貨という優れたテクノロジーを通して、今一度、お金の正体を理解していただく一助にしてもらえたら嬉しい。

CONTENTS

第1章

僕らは1000年に1度の転換期を迎えた

第2章

ビットコインと自由

第3章
イーサリアム革命

第４章

国家と通貨と仮想通貨

第5章

トークンエコノミーの中で

監修―大石哲之
イラスト―田中圭一
帯写真―柚木大介
ブックデザイン―モリタミツル

第1章

僕らは1000年に1度の転換期を迎えた

マウントゴックス事件で学んだこと

ビットコインは終わった？

2014年2月。東京・渋谷に拠点を置いていた大手ビットコイン取引所のマウントゴックス社が経営破綻した。現在までに至る、世間の仮想通貨へのネガティブなイメージの多くは、ここに端を発すると思う。

会見で、当時のCEOマルク・カルプレスは「システムに弱いところがあって、ビットコインがなくなった」と話した。自社のサーバに保管されていた顧客の75万BTCと、自社保有の10万BTC、さらに顧客からの預かり金28億円が消失したことにより、同社は債務超過に陥り、破産手続きに入った。

当時の取引価格（1BTC＝500ドル前後）で計算をすると、失われた金額は、約470億円となる。

当初、事件は外部からのサイバー攻撃によるものと発表された。その後、内部犯行説も浮上したが、2017年には米当局にマネーロンダリング容疑で逮捕された

▍POINT▍トランザクション展性
マウントゴックス事件では、トランザクションに付与される固有のID（TXID）を途中で変更できてしまう「トランザクション展性」を突かれ、すでに出金したビットコインを出金してないものと誤解し、再出金してしまった。なおビットコインではSegwitを利用することでトランザクション展性は起こらなくなった。

ロシアの取引所の運営に携わっていた男が、真犯人として取り沙汰されている。いまだ裁判が続いている状態だ。

「ビットコインはもう終わった」

「円天※と似てるよね」

事件を受けて、当時の多くの報道やSNSにあふれた投稿は、こんなテンションだった。

一般の人たちだけではない。金融やITのリテラシーを持つ、僕の知り合いのビジネスマンや経営者の間でも、否定的・悲観的な声は大きかった。そんな中、僕はこう考えていた。

ひとつの大きな取引所のセキュリティに重大な問題があったのは事実だ。しかし、ビットコインの設計自体に問題があったわけではない。

僕の結論は「ビットコインは、この先どんどん広まっていく」だった。

円天

日本円を預け入れると元本を保証し、同額の「円天」を受け取れるという触れ込みで出資金を集めた電子マネー。出資金を配当に回すという典型的なネズミ講で09年、詐欺・組織的詐欺により発行元のL&G社の会長と従業員22名が逮捕。

紙幣をお金として使う習慣

ビットコインの広がりは止められません。簡単には供給量を増やせないし、他の通貨と交換ができる。必ずしも国に管理されている貨幣が信用できるとは限りません。紙幣をお金として使うのは習慣的なもので、惰性です。日本でも、何かの拍子で紙のお金が消える時代がくるかもしれない。

（朝日新聞／２０１４年2月27日）

当時、新聞取材に答えた僕のコメントだ。いろいろと端折られている部分はあるが、今から４年前の取材とは思えないほど、スタンスが変わっていない。いまだに僕は飽きもせずに同じことを言い続けている。

ビットコインとは、暗号技術を使ったＰ２Ｐ（ピア・トゥ・ピア）型の電子通貨である。その性格から言えば「暗号通貨（クリプトカレンシー）」が正しいのだが、本書では最近の一般的な表記にならい、「仮想通貨」と呼ぶことにする。

その特徴はなんといっても、**中央集権的ではないという点にある。**
国家が発行する日本円や米ドルといった法定通貨は、すべて中央銀行が発行・管理をしている。Suica や Edy などの電子マネーも同様だ。発行主体である企業が中央集権的に管理をしている。

対して、仮想通貨はネットワーク運営者がいるだけで、中央組織の管理がなくてもシステムが維持できる、管理者不在の非中央集権なシステムだ。ネットワークに参加するコンピュータ同士が、それぞれ拠点となり、複雑な検算のような方法をもって、それぞれの取引が正しいかどうかの検証を行っている。

そして、その取引履歴をまとめたものがブロックと呼ばれ、そのブロックが連なるように保存されたものがブロックチェーンだ。メカニズムの解説については第2章で述べるが、取引履歴は全世界にオープンであり、それを改ざんすることは、事実上、不可能となっている。

テクノロジーに裏打ちされた思想

当時のビットコイン投資家たちのパニックと、それ以外の人たちの「それ見たことか」の空気の中にあって、僕が仮想通貨の未来を主張してきた理由はシンプルだ。ビットコインには、テクノロジーに裏打ちされた理論と思想があった。

そして、**僕は負の情緒よりも、テクノロジーを信じる。**

最初のハードルを超えた、どこかのタイミングでは、日本円や米ドルの代わりのように使われ始める。世界がフラット化していく中で、グローバルペイメントの需要は個人間でも広がっていく。

国民国家が中央集権的に管理している通貨とのバランスがどうなっていくかはわからないが、少なくとも、世界がこれから面白くなっていくことは間違いない。

マウントゴックスの事件以降も、仮想通貨が作り出すこれからの世界の可能性を取材で話し、メルマガに書き、テレビ番組で繰り返し語っていた。

普段から僕の言動は賛否を呼ぶことが多いが、特にビットコインについては「またホリエモンが怪しいことを言い始めた」と言って、見向きもしない人が多かった。もちろん、なかには僕の話を信じて、ビットコインに手を伸ばした人もいるだろう。

後から見れば、事件直後のビットコインは、完全な底値だった。ただ、そこで金儲けだけを目的として買った人たちの大半は、買値の3倍ぐらいになった時点で売ってしまっただろう。大した利益にはなっていないと思う。

その後も、ビットコインをはじめとした仮想通貨の対法定通貨レートでの価格は伸び続けた。マウントゴックス破綻時、同社には約20万ＢＴＣが残されていたというが、２０１８年5月時点の取引価格（1ＢＴＣ＝１００万円）に換算すると、２３２０億円に達している。

事実、マウントゴックス社の破産管財人は、債権者からの請求の支払いのため、２０１7年から２０１8年にかけて、４５６億円分のビットコインとビットコインキャッシュ※を売却した。値上がり分で弁済が充分可能になってしまったのだ。

事件はマスコミでもセンセーショナルに騒がれ、同社は破産申請せざるを得ない

ビットコインキャッシュ
略称はBCH。ビットコインのハードフォークから誕生した仮想通貨。

状況に追い込まれた。あれが果たして正しい判断だったかというと、どうだろう。正直、みんなよく理解していないものに対して、騒ぎすぎだったと思う。

あれから4年。手のひらを返したように、ビットコインに触れる人が増えた。その中には、僕から見てハマりすぎている人も多いが、いずれにせよ仮想通貨を取り巻く状況は一変した。

盗難NEMと日本銀行券

史上最大のハッキング被害

ビットコインが史上最高値となる1万9000ドルを記録した約1カ月後の2018年1月、仮想通貨取引所（販売所）のコインチェック※では、今も記憶に新しい事件が起きた。ハッキング被害により、顧客から預かっていたメジャーアルトコインのNEMが5億2300万XEM（＝NEMの取引単位）、約580億円分が流出

コインチェック
2014年8月にサービス開始された取引所・販売所。初心者でもわかりやすい簡単な操作性で、また日本でもっとも多くアルトコインを取り扱っていたことから、人気を博した。NEMもそのアルトコインのひとつである。現在はマネックスグループ傘下。

したのだ。

流出したNEMの行方を、NEMの普及を図る国際団体・NEM財団や善意の技術者が追跡する流れも起きた。特定のNEMに「モザイク」と呼ばれるマーカーをつけることで、流出したNEMの追跡を続け、NEM財団は流出したNEMの取引に応じないよう世界中の仮想通貨取引所に要請した。


仮想通貨はブロックチェーン上に、すべての取引履歴が記録されている。流出したNEMの動きを追うことで、犯人は無事捕まり、盗まれたNEMを取り戻せるという希望的観測もあった。

しかし、それは叶わなかった。犯人と思しき人物は、流出直後から無関係の人を含む数百の口座にNEMを送り、流出NEMの保有口座を分散させることで追跡を困難にする細工を行った。

さらに、匿名性の高いダークウェブ上に、流出したNEMを他の仮想通貨と好条件で交換（販売）するサイトを立ち上げた。

ハッキングから2カ月後の3月末。ダークウェブに存在していた盗難NEMの販売サイトには、NEMが完売したと思われるような画像が掲載され、NEM財団も

▎POINT▎ ダークウェブとは
IPアドレスを匿名化する技術Torなどにより構成されたインターネットで公開されているウェブのことをダークウェブという。接続には通常のブラウザではなく、特別のソフトウェアを使用する必要がある。Googleなどの検索エンジンはこれらの情報を表示しない（表示できない）。誤解を恐れずに言うと「裏インターネット」。麻薬や武器の売買を行うサイトがあるなど、何でもありの状況になっている。

追跡を停止した。オフィシャルなコメントは明かされていないが、流出したNEMの多くが他の仮想通貨に交換されていたことが理由だろう。

NEMのユーザーの中には、犯人を特定するまで追いかけられることこそが、仮想通貨の強みだと考えた人もいたようだ。

もちろん、技術的には流出したNEMが、どのアドレスからどのアドレスへ送られたかなどの動きを追跡することはでき、マーキングすることもできる。しかし、アドレスの持ち主はブロックチェーン上からだけでは特定できない。

そして、追跡ができることは、売買できないことと同義ではない。

仮想通貨は、中央管理者が存在しないことが最大の特徴である。誰も管理していない状態なのだから、取引所を通さずとも、個人間で交換することも当然のごとくできてしまう。

マネーロンダリングとは

盗難NEMにマーキングがされているということを、わかりやすく日本円で喩え

▍POINT▍ 仮想通貨のトレーサビリティ①

NEMにおいては「モザイク」というツールを利用し、そのコインが盗難コインであるのかどうかが識別できるように工夫された。ただしこれはNEM自体の機能ではなく、有志が手動で追跡・マーキングを行っていたものである。

てみよう。

あなたの手元の1万円札を見てほしい。紙幣の右下と左上部分には「AA×××××××X」といった紙幣番号が記載されている。

ある日、銀行強盗が大量の1万円札を銀行から盗み、逃走した。犯人の手がかりは乏しく、なかなかその姿は見つけられない。しかし、盗まれた1万円札は日本で発行された日本銀行券であり、すべての紙幣にはナンバリングがされている。幸運なことに、銀行も盗まれた紙幣の紙幣番号を把握していたとする。

その番号を警察が公表し、「この番号からこの番号までの1万円札は盗まれたものです。これを受け取った人は交換しないで、警察に届け出てください。その時に紙幣を使った人の特徴を覚えておいてください」とメディアを通して伝えた。

犯人がとんでもない間抜けで、盗んだお金を、たまたま金融機関に持ち込んでくれたとすれば、即座に通報されて事件は解決だ。

では、最初に持ち込んだ場所が、おばちゃんが1人で営む街角のタバコ店であればどうだろうか。注意喚起をされていても、自分には関係ない話と気に留めない人は多いだろうし、事件発生から時間が経てば、その割合はどんどん増える。

POINT 仮想通貨のトレーサビリティ②

なお、追跡できるのは送金の流れとアドレスであり、そのアドレスが誰の所有によるものかについては判別不能。追跡といってもその点に限界がある。また追跡そのものが困難な仕様の匿名コイン（Dash、Monero、Zcash）といったものも存在しており、これらのコインに途中で交換することにより、追跡が不可能になってしまう場合が多い。

もちろん、タバコ店で1万円ずつ換金していっても、すぐに盗んだ日本銀行券をすべて使い切るのは難しい。銀行はダメ、小刻みな交換だと効率が悪い。では、どこに持ち込むか？

例えば、暴力団などの反社会的集団に、「ワケありの金だから七掛けでいいよ」と言って交換するかもしれない。非合法な組織は薬物や銃器などの地下経済にルートを持つ。そんな深い闇で何度となく交換された1万円札は、やがて何食わぬ顔で表の経済に還流することになる。

これが俗に言うマネーロンダリングというやつだ。

タバコ屋のおばちゃんを罪に問えるか

今回のNEMのケースは、まさにこういうことだ。

正体不明の怪しい仮想通貨、580億円という金額、ホワイトハッカー※やダークウェブという仰々しい言葉の響きに、多くのワイドショーの視聴者は〝引いた〟だろうが、盗難NEMと盗難1万円札の本質的な部分は何も変わらない。

ホワイトハッカー
コンピュータに関する高度な知識や技術を善意の目的に使う者。コインチェック事件では盗難NEMを追う「Rin,MIZUNASHI@JK17」というTwitterネームのホワイトハッカーが話題になった。

マーキングされたNEMを入手した人が警察から事情聴取されたという報道もあったが、この場合は、その人が犯罪収益であることを認知して交換に応じていたかどうかが争点になるだろう。

果たして、盗まれた1万円札で買い物をされたタバコ屋のおばちゃんが、その1万円を別の店で使ったからといって、罪に問われるだろうか。

マウントゴックスとコインチェックの事件は、ともに日本の仮想通貨史において、象徴的な出来事だった。ここから学ぶべきこととして、僕は次の2点を強調しておきたい。

まず、両事件ともブロックチェーンという技術そのものの欠陥が露わになったということではないということ。

そして、ネット世界での**仮想通貨の動きは、現実社会における「お金」の流れと、見事なまでに似通い始めた**ということだ。

通貨の歴史で最大級のインパクト

「信用」を顕在化させた存在

さて、これからこの本を読み進んでもらうにあたり、このあたりで、「お金」というものの前提について、整理しておきたい。

そもそも、国家が通貨を一元的に管理し始めた歴史は、ここ200〜300年程度にすぎない。もともと通貨とは、個人間の信用を顕在化させただけのものだ。

通貨が誕生する以前、人々は自分の所有物を、誰かと物々交換することで交易を行っていた。

海の近くに住んで毎日漁をしていた人は、魚は持っているが、肉は持っていない。そこで、「どうやら山の方では魚じゃないものが食べられるらしいぞ」と、自分が持っていない鹿やイノシシの肉を欲し、物々交換の概念が生まれた。

お互いのニーズが合致すれば、取引が成り立つわけだ。

だが、物々交換だと取引には限界がある。重くてかさばる荷物を遠方まで運ぶことは難しい。その不便を解消するため、価値を代替するものとして考え出された発明が「お金」だ。

通貨の3要素とは「価値の尺度」「価値の交換」「価値の保存」と言われている。価値を代替するものだから、しばらくは誰もが欲しがり、かつ交換が簡単、誰もが納得できる値打ちを持つモノが用いられた。美しい貝殻、金や銀といった貴金属などなど。乱暴に言えば、レアな存在のモノだ。

多くの人にとってレアであれば、信用や価値の裏付けとしての意味を持つ。中でもゴールドは「一番たくさんの人から」「一番長い間」「一番価値がある」と、信じられていたものだ。

紙幣という発明

次のイノベーションは、そのゴールドと交換できるモノが発明されたことだろう。どの時代にも頭が良い人がいて、「ゴールドに価値があるのならば、それに交換できる紙も同様の価値を持つだろう」と思いついた。
紙は金に比べて圧倒的に軽いし、発行コストも低い。これが兌換《だかん》紙幣※の始まりで、舞台は10世紀の中国だとされている。国がゴールドを保持していて、必要に応じて交換ができるというものだ。
僕らが直感的に紙幣イコールお金だと思うのは、この1000年前の出来事がルーツなのかもしれない。

でも、これは思い込みと誤解でもある。紙幣イコールお金、お金イコール価値という式は成り立つが、**紙幣イコール価値ではない**のだ。多くの人は、紙幣そのものが本質的な価値だと思い込んでしまっている。

今の時代、給料は銀行振込が普通のことで、札束でもらう人はほとんどいないし、それでいいと多くの人が思っている。紙幣をもらわなくても、銀行口座の数字が増えることに価値を見出しているからだ。
現物の紙幣ではなく、銀行口座の数字のやり取りになっていることが、お金がバーチャルであることの何よりの証拠だ。

兌換紙幣
発行者の信用により、金貨や銀貨などと交換することが保証された紙幣。

僕だってお札の束なんてまず見ることはないし、普段の生活で100万円以上の現金を目にする人がいるとしたら、それはギャンブルで大勝ちしたか、非合法なお金のやり取りをする人くらいといってもいいだろう。

お金はバーチャルなものに

通貨史に話を戻そう。兌換紙幣は、時の為政者や国家がその価値を一部担保しながら、近年に至るまで、ずっと「お金そのもの」として存在してきた。そこには現在のようなレバレッジ※が利いた経済もなかった。

国際金本位制※下で、兌換紙幣は国の裁量でレバレッジをかけて流通量を増やすことができるが、世界中にあるゴールドの量には限りがあり、そこにはレバレッジをかけることはできない。

その限界・制限を完全に取っ払ったのが、1971年のドルショック（ニクソンショック）当時のアメリカ政府だ。急速なインフレや貿易赤字に苦しんでいた経済を立て直すために、固定相場制を捨て、変動相場制へと舵を切り、それまでの固定比率によるゴールドとドルとの交換を停止すると宣言した。本当の意味での不換紙

国際金本位制
通貨の単位や価値を一定量の金と結びつけた貨幣制度を金本位制と言い、イギリスが世界に先駆けて踏み切り、イギリスとの経済関係のため、諸国がこれに倣ったのが始まり。1944年にUSドルのみが金と兌換を持ち、各国の通貨はUSドルとの固定相場制を取るという金為替本位制に移行した。

レバレッジ
他者の資本を使うことで自己資本に対する利益率を高めること。実際に所持している現金やゴールドを保証金として用い、その何倍もの金額の取引を行う。

幣の登場だ。

不換紙幣の登場により、お金はモノの実体を伴わない、完全にバーチャルな存在となり、レバレッジを無制限にかけられるようになった。**レバレッジがかかることで、バブルが発生しやすくなる。**もちろん金融や通信システムは、格段の技術革新を遂げていた。ダメ押しのようにインターネットが登場した。情報流通速度のさらなるアップ、市場への参入障壁も下がったことから、この30年は人類史上、かつてないほど、さまざまな形でのバブルが生まれやすくなっていたといえる。

国家が保証しない通貨

ゴールドに代わって、長く通貨の価値を担保してきたのは、国そのものの信用だ。例えば日本円は、日本国内で値段がついているものを、すべて日本円で購入できるという強制適用力を持っている。これがソブリン通貨や法定通貨(フィアット※カレンシー)と言われるものだ。

フィアット
fiat。金や銀などと交換が保証されていないお金(不換紙幣)のこと。つまり現在の法定通貨のことを指し、仮想通貨の業界では、ドルや円などを総称して「フィアット」と呼んでいる。対フィアットレートとか、フィアットとの交換といった具合に使われる。

閉ざされたひとつの国の中だけであれば、これは割とシンプルな話だったかもしれない。しかし世界はとうの昔に国際間貿易によって成立しており、決済のためには国際通貨（ハードカレンシー）というものが必要となる。世界的に流通量が多く、変動相場制の中でも価値が安定している日本円であり、英ポンドであり、ユーロであり、つまるところ、米ドルだ。

為替相場は自国通貨と相手国通貨の相対価格だ。ドルやユーロが安くなれば、円が高くなる。2008年のリーマンショック時は信用不安から急速なドル安／円高が進み、日本の輸出業は大打撃を受けた。

国家の枠組みが急速に溶けつつある世界で、ひとつひとつの国家が信用をどこまで担保し続けられるのかは疑問だ。いくら各国が保護主義に舵を切ろうが、信用不安が瞬時に全世界に連鎖するという現実の中に、僕らはいる。

そんな時代にビットコインが生まれ、そして流行った。

大げさな話ではなく、これは通貨史において最大規模のトピックだ。

そのインパクトは前述したように、中央集権型ではない、管理主体がないということに集約される。約200年ぶりに国家が保証しない、管理のできない通貨が生まれたという点だ。

かつて自らの価値を金や銀といった貴金属やレアな貝殻で持っていたヒトにとって、これはある意味、先祖返りのような現象のようにも見える。

「投機」はなぜ必要なのか

ゲーム感覚のコインチェック

古くからのビットコインホルダーからは異論が出るかもしれないが、僕は日本国内で仮想通貨が本格的に流行ったのは、２０１７年になってからだと思っている。

それまで日本経済新聞やマネー誌が中心だった相場の乱高下の情報が、一般ニュースでも取り上げられるようになった。ビットコインホルダーということを公言するタレントや芸人も増え、年末にはコインチェックが大々的なテレビＣＭを行った。

取引所（販売所）のスマホアプリにはビットコインはもちろん、イーサリアムやライトコイン、※NEMといったメジャーアルトコインから、絶妙にマニアックな銘柄までがずらりと並べられ、取引所の口座に入金せずとも、クレジットカードで即時の購入も可能。ビットコインとイーサリアムの違いもわからず、ゲーム感覚で手を出していた人も多かったはずだ。

仮想通貨普及のロードマップ

前項まで、僕は仮想通貨に対して、自分自身が感じる面白さを簡潔に書いていったつもりだ。

だが、一方であといった経済史からの観点で、多くの人がビットコインに興味を持つとは、まったく思っていなかったのも事実だ。

はっきり言おう。**ビットコインが流行るために必要だったのは「投機」だった。**「儲かるだろう」という投機目的で、多くの人が入ってくることが必要だった。

実際に、4年前に受けたある取材では「ビットコインなどの暗号通貨が日本で爆発的に普及するために必要なこととは？」と問われ、**「投機です。投機」**と即答してい

ライトコイン
2011年から開発が行われている歴史あるコイン。ビットコイン＝金に対し、ライトコインは銀に喩えられる。送金手数料や決済スピードでビットコインよりも優れる。略称はLTC。

る。

日本で仮想通貨が流行ったのは、それが投機の対象として魅力的だったからだ。確かに投機そのものは、別に社会に対して何もいいことはないと僕も思う。投機という言葉に、ネガティブな印象を持つ人も多いだろう。しかし、それはそれでいいと僕は思っている。

仮想通貨が普及するためのロードマップの話になると、一番多く聞かれるのが、「これまでの通貨よりも便利に利用できるから、将来的に円やドルに代わって、日常的に利用される見込みがある」というものだ。

もちろん、日常的に使用されれば、流動性が上がるので普及するのは事実だ。ボラティリティ※も多少は落ち着くだろう。

でも、ここでより大切なのは、「流動性が上がる」ということの方だ。流動性を上げるという意味では、投機の対象として売買対象になることだって非常に大きい。

そもそも利用者が少ない仮想通貨を決済目的で導入する店舗も少ないだろう。

ビットコインの場合は、最短でも10分ほど決済まで時間がかかる。決済スピード以前の問題で、店舗側にまったくメリットがない。

ボラティリティ
価格の変動率のことをいい、高い、低いといったように表現される。ビットコインを筆頭に、仮想通貨は株式や為替といった他の投資資産よりもボラティリティが高く、リスクも高いが儲けるチャンスも大きいとされる。

電子マネー決済だって、Suicaやおサイフケータイを皆が持っていたことで、ようやく普及し始めたわけだ。

もちろん、仮想通貨が日常的な決済用途として使われる可能性はあるし、その動きも徐々に起きている。

だが、最初から日常的に使われることを想定しなくてもいいのではないだろうか？　電子マネーはおろか、クレジットカード決済すら普及しない現金至上主義の日本のような国で、いきなり使われるわけがないだろう。

事実、今、日本で仮想通貨に触れている層の中で、それをフィアットマネーのように利用しようと考えて保持している人は少ないだろう。

日本だけでなく、海外でも同じだ。

ビットコインの決済は、昔からビットコインに目をつけ、マイニング（採掘）を行っていた人たちの、手持ちのコインを試しに使ってみたいというニーズに合わせることで始まった。

日本ではビックカメラなどの家電量販店で、徐々に利用できるようになっているが、アメリカなどではもう少し盛んだ。これはアメリカの方が、早くからビットコ

▍POINT▍ ビットコインの決済スピード ①

ビットコインの決済は、マイニングが行われ取引が確認されるまで平均的に10分かかる。このため店舗などの対面取引では使いづらいことがある。これを短縮し1分や、15秒といった短時間で確認できるようにしたアルトコインもある。なおビットコインにおいても、取引後即時決済できる「ライトニングネットワーク」などの技術が開発されており、単純ではなくなっている。

インを触っていたホエール※が多いからだ。

きっかけは投機でもいい

このように、仮想通貨で回る経済というのは、まずは仮想通貨の長者が誕生するプロセスから始まる。

4年前は、「これから日本で仮想通貨長者を作ろうとしてもなかなか難しいかもしれない」と思ったこともあった。当時、すでにビットコインは価格が高騰していた。

その後も順調に流通量が増えれば、対フィアットでの資産は数十倍にはなるかもしれないが、初期にマイニングをしていた人たちが、資産を1万倍以上にしていることに比べれば、微々たる数字だったからだ。

しかし、ビットコイン以降に現れたアルトコインや草コインと呼ばれるものは続々と誕生している。1万倍とはいかないまでも、数百倍、数千倍くらいになる可能性は残っているだろう。事実、僕の知り合いにも、数十万円で買ったアルトコインが一時期は数億円に膨れ上がった人が何人かいる。

ホエール
大量の仮想通貨を保有する投資家のこと。ビットコインの場合は1000人ほどで全ビットコインの40%を保持しているとされている。

▍POINT▍ ビットコインの決済スピード②
ライトニングネットワークは、少額支払いの技術である。高速かつ多くの取引を処理するスケーラビリティの解決策として本番運用が始まった。取引を逐一ブロックチェーンに書き込むのではなく、チャネルバランスを管理して、精算時のみに書き込む。これにより、0.1銭といった単位での送金や、手数料が可能になった。

きっかけは投機でもいいのだ。結果的に、便利な世の中が形成されることが最も重要なことだ。こういった先のことを見越さず**「仮想通貨は投機だ」なんて言っている人は、金融の素人**なのだろうと思う。日本円と米ドルの通貨取引だって、ほとんどは投機だ。売りと買いがあるから成立する。

ただ、金融の素人ですら触れるような状況が作られることが、仮想通貨が次のステージにいくポイントだと思っていた。

FXとビットコイン

コインチェックやビットフライヤーといった大手仮想通貨取引所には「ビットコインFX（ビットコインの証拠金取引）」がある。

ビットコインでFX（外国為替証拠金取引）のようなことをやったらいいと、僕はかなり初期から言っていた。僕はライブドア時代に「ライブドアFX」を運営していたため、いかにFXが多くの人に熱狂的に受け入れられるかを体感していたからだ。

▍POINT▍ アルトコインと草コイン ①

2009年に世界初の仮想通貨であるビットコインが誕生したのち、2011年にライトコインが登場するまでは、ビットコインが唯一の仮想通貨であった。こうした歴史的経緯から、ビットコイン以外のコインのことを総称してアルトコイン（オルトコイン）と呼ぶ。オルタナティブ（代替、代案、もうひとつの）コインという意味である。ライトコインは世界初のアルトコインである。

最初にＦＸの存在を知ったのは１９９８年ぐらいの話だろうか。それまでは限られた金融機関だけでしか外国為替取引の取扱いができなかったのだが、規制緩和により誰でも参入できるようになった。

その時に、「これは外国為替を利用したギャンブルだ！」と、瞬時に理解した。

当時はレバレッジ規制もなかったので、例えばレバレッジを１０００倍にして、ドル円の10銭の値動きで資金は2倍かゼロ。これにスロットマシンのインターフェイスを組み合わせれば、ネットパチンコ店みたいなこともできる――。そんなことを本気で考えたりもしたものだ。

ギャンブル性もあってか、ＦＸは多くの日本人に受け入れられ、日本のＦＸ会社の取引高は世界でも有数になった。その後のレバレッジ規制でだいぶ海外の業者に流れてしまったようだが。

いずれにせよ、そんな日本で、外国為替よりボラティリティの大きいビットコインのＦＸを行えば、ニーズがあるというのは容易に想像できる。取引所や販売所を運営している会社の関係者にも、ビットコインＦＸの可能性を伝えていた。

POINT　アルトコインと草コイン ②

アルトコインのうち、他のコインの単なるコピーであったり、技術的新規性に欠けるものを指して、草コインと呼ばれた。草は草が生える（www）の意味である。しかしながら、現在では悪い意味はなくなり、単に時価総額の低いコイン、単価の低いコイン、知名度の低いマイナーコインという意味で使われている。

その甲斐があったのか、大手の取引所はすべてビットコインFXを開始し、多くの人に受け入れられて活況を呈している。

ビッグマネーという経験

仮想通貨で生産性が落ちる

先日、かつて米マイクロソフトのプログラマーであった中島聡さんと対談をした。ブロックチェーンをはじめ、AI（人工知能）、自動運転技術の話など、とても有意義な対談だったのだが、そこでちょっと気になったのが、こんな話だ。

中島さんは仮想通貨を持っていたのだが、そのボラティリティの大きさから、どうしても値動きが気になり始めてしまった。結果、自身の生産性が落ちてしまうので、手放したのだという。

中島さんはPC黎明期を支えた伝説の技術者で、ブロックチェーン技術にも明るい。自分で仮想通貨を持ったきっかけも、多くの人の投機目的とは違う純粋な興味だろう。実際に、もっと使い勝手のいいウォレットを構想しているとも聞いた。

もちろん、生産性を高めることは、投機なんかよりもよっぽど大事だ。しかし、中島さんのようなクレバーな判断ができればいいが、仮想通貨の値動きに一喜一憂し、仕事が手につかないような、本末転倒な状態になってしまっている人もいるのだろう。

これは、単純に対日本円ベースで仮想通貨を見てしまっていることが悪いのだと思う。仮想通貨に対する法定通貨の値付けは激しく変動するが、所持している仮想通貨自体が毀損されるわけではないから、気にする必要はないのだ。

童貞を捨てるということ

――と、僕としてはこの意見で終了なのだが、これは独特の感覚だというのも理解しているつもりだ。世間の大半とはおそらくズレている。

これはそもそも、お金をどう捉えるかという話だ。

▍POINT▍ 様々なウォレット
ユーザー自身が仮想通貨を保存する財布のソフトウェアであり、残高や履歴の表示、送金・受取、アドレスの管理、といった機能を有する。形態はいろいろなものがあり、スマホにインストールするものから、小型のガジェット化しているハードウェアウォレット、はたまた紙に印刷するペーパーウォレットまで多様な形が存在する。複数コインに対応するウォレットなどもある。

僕にとって、お金というのは、ドラゴンクエストのＨ　Ｐ《ヒットポイント》のようなものだったりする。

僕は27歳の時に株式上場を行い、数百億円の資産を得た。おそらく同じような経験をして、資産を持った人ならばわかると思う。ビッグマネーに慣れているのだ。ここで言うビッグマネーとは、数千万円や1億円ぐらいの話ではない。最低でも数十億円レベルと考えてほしい。

誤解しないでほしいのは、現在の僕自身は大量の仮想通貨どころか、そんな巨額の資産を持つ身でもないということだ。稼いだお金はほとんどロケット事業に投資してしまっている。ただ、かつてビッグマネーを〝経験〟したことは事実だ。

こういう話をすると、僕たちのような感覚をマインドセットでなんとか手に入れたいという人もいると思う。ちょっと考えてみたのだが、それはなかなか難しいかもしれない。

それこそ童貞と同じだろう。浜田省吾的に言えば、ビッグマネー童貞（笑）。

「純白のメルセデス、プール付きのマンション、最高の女とベッドでドン・ペリニヨン」――。

童貞と非童貞では、女性に対する憧れや感覚が違う。童貞がセックスに対して幻想や、逆に警戒心を抱くのは仕方ないし、高校時代の僕だってそうだった。経験済みの人に「過剰な幻想だ」なんて言われても、理解できるわけがない。

女性を知りたければ経験するしかないし、仮想通貨の値動きをまったく気にしないで済ませるためには、起業して株式上場するなりして、ビッグマネーを手に入れればいいのだ。乱暴な話と思われるかもしれないが、本気で挑戦すれば誰にだって可能性はある。さすがに童貞を捨てるよりは難しいかもしれないが。

その時に、初めて感覚は理解できるし、わかったところで「こんなものか」というぐらいだろう。そういう意味では、もしかしたら童貞の時の方が幸せなのかもしれない。

世界中にお金が余っている

バブルは繰り返す

お金の歴史を紐解く中で、「レバレッジが極まるとバブルが発生しやすくなる」「技術革新によりバブルが生まれやすくなっている」と書いた。

僕は今、バブルがはっきり到来していると思っている。日経平均株価も2017年11月には90年代前半のバブル崩壊以降の最高値を更新した。

寄せては返す波のように、バブルとバブル崩壊は繰り返される。その周期は技術革新やノウハウやシステムの洗練、インターネットの影響もあり、明らかに短くなっている。

1929年の世界恐慌の回復までには10年以上、一説によれば、第二次世界大戦終結までかかっていると言われている。日本では80年代に土地バブルが起きてから、約10年後にネットバブルが起きた。その5年後にはアメリカから世界を巻き込んだサブプライムローンバブルが発生した。

2年ほど前から僕はよく話しているが、**今の世の中は完全な「金余り」が起きている。**

リーマンショック以降、各国中央銀行は通貨供給量（マネタリーベース）※を増やし続けている。その目的は、法定通貨の価値を下げて相対的に物価を上昇させること、つまりインフレによる経済成長だ。

しかし、個人の体感として、金余りを感じている人は限られるだろう。

財務省発表の2016年度の企業の内部留保は約406兆円と過去最高を記録した。大増刷したお金は、個人ではなく、企業の内部留保に回っている。

マネーの供給先は、銀行など制度的に規制でがんじがらめになっているところが中心だ。銀行はリスクを取らない人たちの集団になっているので、規制緩和で余ったマネーを使い、年0・05％程度の国債で運用するといったガチガチの方針をとっている。

絶対勝てる人口ボーナス期

マネタリーベース
中央銀行が直接的に世の中に供給するお金の量のことで、日銀券の発行高＋貨幣流通高（硬貨）＋日銀の当座預金残高の合計値である。実際に市中・民間に出回っているお金の総額とは異なり、日銀が供給するお金の量である。

銀行による運用をはじめ、これまでの投資の原則は、規模の部分での成長を見越していることが勝ちのパターンだった。最たる例が、右肩上がりの人口への投資だが、これは頭を使っていない投資、はっきり言えば、バカでも勝てる投資だ。

日本も第二次大戦後、ベビーブームが起きて高度経済成長を果たした。人口増加に伴って、政府の支出により大型公共投資が急増するとか、増えた人口分が35年の住宅ローンを前借りするといった話が裏付けとなり、所得倍増計画が達成されたわけだ。

総人口に占める働く世代が増え、経済成長することを「人口ボーナス」という。日本では１９６０年代に人口ボーナス期を迎えた。

特に日本では、特定の産業において、弱い企業が落伍しないよう、監督官庁がその産業全体を管理・指導しながら収益や競争力を確保する護送船団方式が行われた結果、高度経済成長が起きた。そこをめがけて投資をする人は多かった。

同様のことは世界的に起こっていて、日本の人口が増えなくなれば、「次は中国だ。その次は東南アジア、そしてアフリカだ」といった感じで、人口ボーナスがある国を目指して投資をしていた。

僕はこれからの世界で、こんな牧歌的な投資手法は通用しないと考えている。

そもそも先進国において、出生率がある程度のところまで下がってしまうのは仕方がないことだ。

先進国では、子供を生み育てなくても生活していけるようになっている。日本だってそうだろう。昔の農耕民族のように子孫を繁栄させ、畑を守り続けることをしなくても、仕事があるので生きていける。

さらに言えば、先進国では子育てをするよりも楽しいエンターテインメントが多く存在している。労働するばかりで、今と比べて圧倒的に娯楽も少ない時代では、子育ては労働力の確保のためでもあり、エンタメでもあったのだ。

子育てと宝くじ

子供も15年も育てれば、立派な大人になって労働力になるが、現代の日本でそれを期待するのは難しいだろう。スポーツ選手などであれば、13〜14歳くらいでオリンピックに出場する選手が出てきて、もしかしたら大成するかもしれないが、万が一そんな才能があっても、競争に勝ち抜くために育成するには、普通の子育て以上のお金がかかる。

もし、あなたが子供を生み育てるということを「投資」として見てしまうと、これはもう、宝くじみたいなものだ。「ウチの子供は将来、自分をなんとかしてくれるんじゃないか」――。残念ながら、そんな根拠はどこにもないし、神頼み、運まかせなところも、宝くじを買う心理と一緒だ。

もちろん、先進国では、子供以外の投資対象も数多く存在する。子供に賭けるくらいなら、別のことに投資をした方が豊かに生活できてしまう現実がそこにはある。

少なからず途上国でも同じことだ。娯楽に関して言えば、スマートフォンの爆発的な普及により、良質なエンターテインメントが世界中で楽しめるようになった。

僕はこの先、世界的に見ても、これまで僕らが享受してきたレベルの人口ボーナスは期待できなくなると見ている。

しかも投資というのは、基本的に先行して行うものだ。実体経済※が追いついてくる前に投資をするので、やっと実体経済がついてきた頃にはもうピークアウトして

実体経済
商品やサービスの生産や消費、設備投資など、金銭に対して具体的な対価が伴う経済システム。

いる。株価などは、わかりやすい例だろう。

そうやって見ていくと、人口ボーナスという意味では、成長分野はほぼない。人口ボーナスが効果的に働くようなマーケット自体も減少している。頭を使わなくても、これまでの理屈通りにやれば、固く勝てるような投資先が少なくなってしまったのだ。

なぜ仮想通貨だったのか

人口ボーナスで儲けられなくなった巨額のマネーが目指す先は、もちろん人口ボーナスとは無縁の業界だ。

例えば、人口増加がなくても、人間が働かずして人間の何十倍も富を生み出す装置があればいいわけだ。それがＡＩ（人工知能）だったり広義のロボットだったりする。

人間がこれだけの生産性を生み出せたのも、「生産性の向上＝経済規模の拡大」という部分が大きい。そして、これまではその拡大に人間の労働力が紐付いている部分が大きかった。

中東はオイルマネーで潤った。エネルギーが担保になって富を生み出してくれている。燃える水が富だったわけだ。そこには人口は関係なく、オイルという人間とはまったく関係ない過去の地下資源・エネルギーが裏付けとなって経済成長を果たしてきた。

つまり、それが人口だろうが、エネルギーだろうがＡＩだろうが、なんでもいいのだ。その**価値の源泉をどうやって生み出すのか**というのが、最も重要なのだ。

いきなり高騰したＷＴＩ※や、サブプライムローンなどもその一例だろう。スルガ銀行が融資をして問題になった「かぼちゃの馬車事件※」なんていうものもあった。

もちろん、なかには問題になるような投資先もあるだろうが、世の中には、とにかく儲かりそうな金融商品や、ビッグマネーをある程度、放り込める分野がないかを探している人々が常に存在している。ましてや、この金余りの世の中だ。

彼らの目に、ビットコインやその他のアルトコインなど、投機的な側面も持っていて、資金を吸収しやすい仮想通貨のシステムはどう映ったのか。

言わずもがなだ。仮想通貨がここまで暴騰したのは、彼らが巨額の資金を投入し

かぼちゃの馬車事件
家賃保証のサブリース付きのシェアハウス「かぼちゃの馬車」を運営していたスマートデイズ社の資金繰りが悪化。出資していた物件オーナーへの支払いが停止し、その後同社は倒産。被害総額は1000億円。

WTI
ウエスト・テキサス・インターミディエイト。米テキサス州を中心に産出される原油の総称。ニューヨーク・マーカンタイル取引所でWTI先物が取引されており、取引量と市場参加者は世界の原油市場の中で圧倒的に多い。

たということに他ならない。

法定通貨だっていいかげん

仮想通貨になだれ込んできた大量の投機マネーは、投資家や既得権益層だけでなく、多くの一般の人にも一攫千金の夢を与えた。「億り人」のような新興富裕層も登場したし、一方でそんなニュースを聞いて、後から参戦してきた人の中には、大切な資産を失った人もいるだろう。

そういった意味では、この2、3年の仮想通貨まわりの動きは、確かにバブルなのかもしれない。

そして、このバブルには、これまで不動産投資や株取引も経験してこなかった、金融知識のない多くの若い層も参加している。経済史上でも稀に見る、参入障壁の低いバブルだ。

この仮想通貨狂騒曲を、僕は肯定も否定もする立場ではない。

しかし、ひとつだけ言えることは、仮想通貨という存在は、これまでお金というものを絶対視して、お金に縛られていた多くの一般の人たちに、〝気づき〟もしくは

〝気づきの芽〟みたいなものを、もたらす可能性があると思う。

それは、お金というものの本質についてだ。

お金というのは、人の共同幻想の産物なのだ。

多くの人が、それに価値があると信じれば、それはお金になる。お金になってしまう。


「お金は信用を数値化したものである」

これは、僕がことあるごとに説いてきた、お金の定義である。

信用してくれる人の数が多ければ多いほど、その人は価値のある人ということになる。そして、逆説的な話だが、それは人ではなく、モノであっても同じだ。

日本銀行が発行する1万円札は、日本という国が、その価値を保証しているという信用があるからニーズがある。金塊だって、ゴールドに価値があると信用している人が多いから、その値打ちが生まれる。

仮想通貨が持つ信用力とは何か。それは数学的なテクノロジーによる裏付けだ。

そして、このテクノロジーによる保証は、意外と強力だった。

僕にとって、テクノロジーは国家や誰だか知らない偉い人なんかより、よっぽど信用できるものだ。「黒田バズーカ」※なんて呼ばれている日銀総裁の一言で、円相場が大幅な値動きをするように、法定通貨だって不安定で、けっこういいかげんなものだったりする。

誰しもがグローバル経済を肌で感じることができる今の時代、一国の法定通貨の概念だけに縛られて生きていくことは、得策ではない。

お金は大切なものだ。だが、特別視する必要はない。

お金がゲームのパラメーターのように見える富裕層だけではなく、普通の人たちも少しずつ、気がつき始めている。

それは、いわばビット・ジェネレーションとでも言うべき、新しい世代だ。

黒田バズーカ
2013年から日本銀行・黒田東彦総裁の指揮の下で始まったデフレ脱却目的の金融緩和政策。インフレ率2%目標を掲げ、マネタリーベースを2年で2倍にするという異次元の金融緩和に株価や為替が大きく反応した。

第2章

ビットコインと自由

初めてビットコインを知った時

古くさいシステムをシンプルにする

正確には覚えていないが、僕が初めてビットコインの存在を知ったのは2010年の終わりから、2011年の初めぐらいにかけてだったと思う。

サトシ・ナカモトと呼ばれる人物が投稿した論文に基づき、ビットコインが生まれたのが2009年の初頭。2010年5月に、初めて実際の店舗（宅配ピザ店）でのビットコイン決済が行われたという。

「心惹かれた」とまで言うと、ちょっと違うのだが、面白い試みだとは思った。一部の免許事業者が握ったままで、構築コストも不透明なシステムやネットワークをシンプル、かつ能動的に変えられる可能性については、応援をしたいと思った。

個人的には、現金をわざわざATMから引き出して持ち歩くことに、ずっと苛立ちを感じていたということもあった。**合理的ではなく、ただ慣習として根付いてい**

▍POINT▍ サトシ・ナカモトの正体は

サトシ・ナカモトの正体は未だ不明。論文の文体を解析したところ英語ネイティブによる執筆であるとされており、残念ながら日本人ではないようだ。中本哲史と表記しているのも見かけるが当て字である。個人ではなくグループであるという説もある。初期に採掘した100万BTCを保有するとされ、そのコインは近年ずっと動かされていない。

ることが世の中には、たくさんある。

この感覚は、ちょうどインターネット黎明期と同じような感じだ。

誰もが知っているように、インターネットの登場で世界は変わった。すべてが効率化されて、さまざまな不便が解消された。ＦＡＸ、カセットテープやＣＤは、ほぼ消滅したし、手紙はメールに置き換えられ、雑誌や書籍などもウェブメディアへと変貌して規模を縮小させていく。アナログなシステムは、どんどん前近代的な存在になっていった。

インターネットを知った時、僕はその世界に瞬間的に魅せられた。朝から晩までサイトを巡り、専門書を読みあさった。その当時ほどの感動はなかったが、お金というものの本質について、ずっと考え続けていた僕には、ビットコインは何か気になるものとして心に引っかかっていた。

ツイッターでの勧誘

そして、実際にビットコインに触れ始めたのは２０１３年に入ってからの話だ。

ご存知のように、僕は2011年6月から長野刑務所へ長期出張していた。1年9カ月の間に、ビットコインはかなりの認知度を得るに至っていたようだ。

きっかけはツイッターである。

ウォレットは持っていたものの、自らビットコインを購入することはなかったのだが、僕のツイッターにビットコインユーザーたちがビットコインを使うよう誘ってきたのだ。

当時のユーザーは今の感じともちょっと違っていて、言葉は悪いが、ビットコイン教の布教活動をする信者のような熱心さを持っていた。

あまりにしつこく誘ってくるばかりか、なかには僕のウォレットに少額のビットコインを送ってくれる人なんかも出てきた。僕はツイッターのプロフィールに自分のビットコインアドレスを公開している。

しかし、僕が自分のウォレットに保持しているビットコインは大した量ではない。投げ銭してもらったものか、VALUというサービス、あるいはCounterpartyというプラットフォーム上で、試しにHORIEMONCARDという自分のトークンを発行した際に調達したものだ。

本書はこういう本なので、一応、僕個人の所持しているコインについても言及しておく。

ビットコインのほかには、モナコイン※（MONA）を2000モナぐらい持っている。これもビットコインと同じく、投げ銭で手に入れたものだ。当時はマウントゴックスの事件もあり、まだビットコインも安いし、モナコインなんて、ほとんどタダみたいな値段だった。

モナコインには「チップモナ」といって、ツイッターアカウントのみで送金ができる仕組みがある。

投げ銭をしてくれる人も、モナコインが対日本円で上がればいいと思ったのか、結構たくさん投げてくれた。「ホリエモンがモナコインを買った！」みたいなことを言いたかったのだろう。

ほかには、NEM（XEM）、イーサリアム（ETH）、あとは自分がアドバイザーを務めている取引所Zaifのトークンを持っている。いずれもごく少額だし、積極投資をしているわけではない。また、僕が持っているからといって、そのコインに

モナコイン（MONA）
2ちゃんねる発祥の純国産アルトコイン。もともとはライトコイン（LTC）のフォークだが、承認時間が90秒とより短く、発行上限は1億512万MONAと多い。

将来性があるとは思わないでほしい。

このように、僕は現在まで、日本円などの法定通貨を使ってビットコインやアルトコインを購入したことはない。もらったビットコインを使って、他のアルトコインに投資しているだけだ。

そのあたりは多くの人とはちょっと違っていて、仮想通貨の円換算の値動きが気にならない理由のひとつでもある。

僕にとっての仮想通貨は仮想通貨の経済圏の中だけで完結している**パラレルワールドのような状態**になっているのだ。

ビットコインの基礎を知ろう

2つの暗号技術

さて、これから仮想通貨のことを書くためには、ビットコインの仕組みについても改めて言及しなければならない。ここはおさらい的な内容なので、時間のない人は読み飛ばしてもらってもいい。

ビットコインが画期的だったのは、すでに存在していた公開鍵暗号方式、Ｐ２Ｐという技術に、ブロックチェーンを組み合わせたことだった。中央集権的ではないというビットコインの特性も、この３つの技術により実現可能となった。

このうち、前者の２つの技術はインターネットの世界では、かなり古くから存在したものだ。

「公開鍵暗号方式」は、通信の途中で情報を改ざんされたり、内容を盗み見られたりしないように暗号化をするための技術だ。一番馴染みがあるところでは、ＥＣサイトを利用する時などにアドレスバーのところに出てくる鍵マーク。あれも公開鍵暗号が使われている。

そもそも暗号技術を大別すると、この公開鍵暗号方式と、もうひとつの「共通鍵暗号方式」に分けられる。

先に共通鍵暗号方式を説明する。これは、メッセージの送信者と受信者が、共通のルール、つまり暗号化の鍵を取り決め、その鍵に従って暗号化と復号化（暗号文を復元）を行うものだ。

共通鍵暗号方式で有名なのは、１９２５年にドイツ軍が採用したエニグマという暗号機を用いたものだ。暗号表が自動生成され、ナチスドイツ軍はそれをＵボートの出撃に活用していた。エニグマは当時としては最先端の極めて安全性の高い暗号システムだったが、イギリスの天才数学者アラン・チューリングらの解読チームにより、大戦中に解析されてしまった。

解読チームは、考えられる鍵を総当たりする方法で解読を行った。しかし、共通鍵暗号の最大の難点は別にある。

共通鍵方式の場合、お互いが何らかの手段で、同じ暗号化の鍵を知らないといけない。自宅の合鍵を作ったら、それを何かしらの方法で、相手方に渡さないとならないわけだ。「**鍵配送問題**」と言われるものだ。

軍隊のように通信相手が仲間内で決まっている場合はいいが、インターネットのように相手が不特定の場合は難点がある。接続のたびに相手に鍵を配送しに行くわけにはいかないからだ。

公開鍵暗号方式

一方、公開鍵暗号方式は、秘密鍵（プライベートキー）と公開鍵（パブリックキー）の2つの鍵をペアにした暗号技術だ。データのやり取りをする人は、互いにこの2つの鍵を持つ。公開鍵は文字通り公開するものだが、秘密鍵は自分だけで管理し、第三者にも相手方にも決して漏らさないことが前提となる。

まずは、共通鍵暗号方式と同じく、送る内容を秘匿したい場合だ。

データを送る側は、受信者側の公開鍵でデータを暗号化して送信する。受信者は受信者だけが知る秘密鍵で暗号を復号化して、データを受け取る。

POINT　暗号通貨と公開鍵暗号方式
ビットコインほか多くの暗号通貨では、電子署名に楕円曲線暗号を用いたECDSA方式を利用している。従来のRSA方式に比べ、鍵や電子署名のデータ量が少なく済むため、暗号通貨では広く使われている。

この時、公開鍵では暗号化はできるが、秘密鍵でしか復号化はできないという点がポイントだ。送信中に誰かにデータを盗まれても、内容は秘密鍵でしか読み取れないことになる。

さらに、この公開鍵暗号方式を応用すると、データを送った人物が本人であることの証明が可能となる。これを「署名」と言うが、この場合は公開鍵と秘密鍵の機能が逆となり、**公開鍵で復号化はできるが、秘密鍵でしか暗号化はできない。**

送信者側は、自分の秘密鍵を使って、任意の文字列、例えば【ホリエ】を暗号化する。送信者は生成された暗号【タカフミ】を送ると同時に、平文で元の文字列【ホリエ】を送る。

受信者は、送信者の公開鍵を手に入れ、暗号化された【タカフミ】を復号化する。そこで復号された文字列【ホリエ】が、送信者から平文で送られてきた元の文字列【ホリエ】と同じであれば、【ホリエ】を【タカフミ】と暗号化できるのは送信者の秘密鍵だけだから、送信者が本人という証明がなされる。

ビットコインの場合は、「Aというアドレスが、Bというアドレスに1BTC送った」という情報自体はオープンになっていて、全世界に公開されている。大切なのは、「送ったのは本当にAである」という部分なので、公開鍵暗号方式のうち、後者の「署名」が用いられている。

よく秘密鍵の管理が大事と言われているが、それはこのことが理由だ。コインの持ち主が自分であるということは、秘密鍵でしか証明できない。

だから自分の秘密鍵を盗まれるということは、そのままビットコインを失うことを意味するし、秘密鍵を忘れてしまえば、そのコインは二度と取り出せなくなってしまう。

P2Pの悲運

通常のインターネット通信は、データを保持して情報を提供するサーバ側と、サーバのデータにアクセスして情報を取得するクライアント側の、2つの立場が固定されている。これはクライアント＝サーバ型という一般的なシステムだ。

2番目の技術P2Pは、このようにサーバを介して個々が繋がるのではなく、コンピュータ同士が分散して繋がる仕組みだ。世界中にノード※というものを作り、各コンピュータが対等に通信することで、情報共有を可能にする。

中央サーバのダウンによってシステム全体が停止することがないし、ひとつのノードがハッキングなどのトラブルに遭っても、**元のデータベースは世界中のノードに分散されているから影響を受けることがない。**

この技術が使われた有名なアプリケーションには、初期のスカイプがあった（現在のスカイプはクラウドベースに移行）。他に一般にも知られていたのは、一時期、悪い意味で話題となったファイル交換ソフトのナップスターやウィニー、グヌーテラなどだろう。

当時はファイル交換ソフトの使い道が、違法コピーしたソフトや音楽・動画ファイルを共有するぐらいしかなかった。ファイルの違法コピーがインセンティブになってネットワークノードは増え、P2Pのネットワークは成立していたが、有効なアプリケーションは、生み出せていなかった。

また、ファイル交換ソフトを介してウイルスに感染し、個人情報を流出させてし

ノード
P2Pネットワークを構成するコンピュータのことをノードという。一般の利用者から見るといわゆるサーバのようなものだが、サーバという用語はクライアント＝サーバシステムであることを指すため、P2Pの場合はノードという言葉で使い分けをしている。

まう騒動が多発して、社会問題化することになる。

ウィニーを開発したプログラマーの故金子勇氏は、著作権法違反幇助の疑いで起訴された（一審で有罪判決、二審、最高裁で無罪判決）が、これは「包丁という発明がなされた。それを使って殺人を犯した者が現れた。だから、包丁を作った者も殺人幇助だ！」のような、まったく理屈の通らない話だった。

ビットコインはそんな悲運のＰ２Ｐ技術に、ようやく出現したキラーアプリケーションだった。

ブロックチェーンとマイニング

取引履歴が鎖のように繋がる

ブロックチェーンは、ごく簡単に言えば「記録を残す仕組み」だ。ビットコインの根幹をなすものとして、Ｐ２Ｐネットワーク上で動くシステムだ。

「**分散型台帳技術**」とも言われるブロックチェーンは、最初のビットコインが生み出されてから、今に至るまでの全取引の記録台帳である。

ビットコインの取引は、ノードと呼ばれるネットワークの参加者全員が、約10分ごとに世界中で起きた「AがBに1BTCを送った」「BがCに0・5BTCを送った」といった取引情報を記録し、二重支払いのような不正がないか管理している。

この10分ごとの記録がひとつの「ブロック」と呼ばれ、検証が終わったブロックは次々と1本の鎖のように連なっていくので「ブロックチェーン」だ。

2009年1月4日午前3時15分に最初のブロック(ジェネシス・ブロック)が生まれてから約9年半。この原稿執筆時点では52万3500ブロックを数えている。

性悪説の合意形成

ビットコインには、取引台帳を独占的に管理している個人や組織は存在しない。台帳は誰でも見ることができる。ここが「非中央集権的」と言われる理由であり、

▎POINT▎ コインで違うハッシュ関数

ハッシュ関数には多くの種類があり、それぞれのコインで別のものを採用している。ビットコインではSHA-256、ライトコインではScrypt、モナコインはLyra2REv2など。ハッシュ関数間には互換性がなく、ビットコインで使われている専用チップ(ASIC)は他のコインへの流用はできない。

これまでの銀行や電子マネーの仕組みと、完全に異なる点だ。

各ノードはボランティアでブロックの検証作業を行っているのではない。ハッシュ関数を用いた大量の計算を繰り返すことで、最初にブロックの検証に成功したノードに、ネットワークから新たに発行されたビットコインが与えられるという特典がある。

この作業を金鉱からのゴールドの採掘に喩えてマイニングという。ビットコインは、マイナーたちによるマイニング作業によってのみ新規に発行される。総発行量は、合計で２１００万ＢＴＣと、プログラムによって上限が設けられている。

このような「埋蔵量」を設けた点と、４年ごとに１ブロックあたりの採掘量が半減していく「半減期」が設けられたのも、ゴールドと同じ理屈だ。当初は１ブロックあたり50ＢＴＣが報酬だったが、２０１８年現在は12・５ＢＴＣとなっている。

なかなかシャレがきいていた。実際、ビットコインが「通貨＝決済目的」よりも「ゴールド＝価値の貯蔵と投機目的」として主に使われているのも、このあたりにあるのだろう。

ビットコインのブロックチェーンは、このようなＰｏＷ（プルーフ・オブ・ワーク）という方法で運営されている。

ＰｏＷが秀逸だったのは、外部の人間はおろか、そのネットワークの参加者も「不正を働くかもしれない」という、**性悪説を前提にした上で、合理的に合意形成の方向に向かうようインセンティブを設定できた点だ。**

Ｐ２Ｐネットワーク上での合意形成は、長年の難問であったが、そこにＰｏＷが答えを見出したのだ。

電気代とビットコイン

ＰｏＷには大量の計算処理能力を必要とする。そしてマイニングは「勝者総取り」の競争だから、黎明期こそ個人のコンピュータのＣＰＵやＧＰＵで行われていたが、参加者が増えてくると、より早く効率的にビットコインを掘り出す、ＡＳＩＣという専用チップが開発された。

ビジネスとして成立した現在は、マイニングのみに用途を絞って開発されたＡＳＩＣマシンが使われることがほとんどだ。ＡＳＩＣが何千台と束ねられたマイニン

▌POINT▌ マイニング専門チップ・ASIC

ASICとは「特定用途向け集積回路」と言い、ある特定の計算だけに特化したチップである。ビットコインのASICはSHA-256というハッシュアルゴリズムを高速に計算する機能を有し、マイニングに利用されるが、汎用性は一切ないため他の計算をするなどの用途には使うことはできない。マイニング専用のチップである。

グファームがマイニングを主導しており、個人が自分のマシンを使って参加しても、報酬を得ることは、まず不可能だ。

ASICマシンを動かすには、大量の電力が必要だ。日本のように電気代が高い国だと、コストが報酬を上回ってしまうこともある。

地価と電気代が安く、さらにコンピュータから放たれる熱を冷却しやすい寒冷地が向いているため、アイスランドや中国の辺境・内モンゴル自治区などに巨大ファームが造られてきた。

アイスランドでは、マイニングの電力消費量が、家庭の電力消費量を上回ってしまった。エコロジーの観点からは問題があるとも言える。

個人がマイニングに参加しようと思ったら、クラウドマイニングを使って、マイニングプールに参加するという選択もある。宝くじの共同購入みたいなものと考えればいいだろう。今のビットコインのマイニングは、10万回振って1回アタリが出るサイコロのようなものだ。

つい先日、日本ではDMM社が創業の地・石川県でマイニングファームの運営を開始した。採掘競争の激しいビットコインだと日本では採算が合わないので、各ア

▎POINT▎ 2018年時点のマイニング①

マイニングは年々大規模化しており、数千〜万台単位のマシンを並べて工場のような場所に設置してマイニングを行っているのが現状である。広大な敷地と、工業用の電力が必要なため、主に寒冷地の郊外に設置されている。また自分でこのような施設を保持・管理できない人のために、投資家のお金を集めファームを建設して、運用を代行する仕組みも存在する。

ルトコインの採掘を行っているという。

ビットフライヤーなどに少し遅れて、仮想通貨取引所事業に参戦したＤＭＭだが、仮想通貨の仕組みを一般の人にも伝えられる、プロモーションの観点からも興味深いアクションだ。

対立意見も可視化される

現在のビットコインネットワークは、こうしたマイナーたちによって支えられている。

中国では２０１７年９月に国内のＩＣＯと取引所の運営が全面禁止されたが、マイニングは今のところ規制の対象外であり、ＡＳＩＣの製造とマイニングプールの運営を手がけるビットメイン社は、世界のビットコインのマイニングシェアの４割を握るとされ、ビットコインの世界で強力な発言権を持っている。

現在のように、マイニングが寡占化されている状態は、当初の理念から外れた、一部に権利が集中したものとも映るだろう。

ビットコインのシステム自体もまったく誰も管理していないというわけではな

▍POINT▍ 2018年時点のマイニング ②

マイニングの難易度は高まっており、1台のコンピュータでは何十年かかっても1枚のコインも採掘できない可能性がある。そこで、コンピュータを束ねてプール上にし、その中のどれかが採掘に成功すれば、みんなで報酬を分け合おうという共同体形式のマイニングが主流となっている。このプールを、マイニングプールという。

く、開発方針を決めるコア開発者たちが存在するのだが、彼らとマイナーたちの間で、対立が起きることもある。

代表的な例が、スケーラビリティに関する問題だ。ビットコインの取引量が爆発的に増えるに従って、ビットコインには送金スピードの遅延の問題などが生じた。

現行の仕様で想定していた1ブロックあたりに書き込み可能なデータ量（1MB）を、実際のトランザクション量が上回ってしまったのだ。

元々ビットコインは決済に10分間を要するが、これが決済に24時間ぐらいかかってしまうと、通貨として使えないし、ビットコインの信頼性にも関わってくる。これはビットコインに関係する者すべてにとって共通の課題だった。

そこで、コア開発者たちは仕様をマイナーチェンジすることを考える。例えば、取引あたりのデータサイズを小さくするSegwitと言われる技術だ。

これに対して、反対する勢力も出てきた。仕様変更でブロックチェーンの安全性が損なわれるんじゃないか。自分たちに入っていたトランザクションフィー※はどう

トランザクションフィー
送金手数料。またはイーサリアムなどの場合、特定のコントラクト（プログラム）を処理するのに支払う料金のこと。

▍POINT▍ スケーラビリティとは
大規模化、高速化すること。大量の送金取引や、大量の処理をこなす能力のこと。P2Pを基礎とする暗号通貨は、サーバを利用したものに比べて原理上スケーラビリティに劣る。いかにスケーラビリティを確保するかが暗号通貨の発展にとってのキーとなる。

なるのか。そもそも、Segwitってサトシ・ナカモトの理念と反している、などなど。

彼らが求めたのは、１ＭＢというブロックサイズ自体を増やすことだった。

しかし、話し合いは物別れに終わり、結局、ブロックサイズの拡大を主張した一派は、ビットコインを「分裂」させることにした。元々のビットコインはそのままに、新たにビットコインから派生した仮想通貨が現れたのだ。

詳しくは第3章で述べるが、こうしたことをハードフォークといい、２０１７年8月にビットコインキャッシュ（ＢＣＨ）が新たに誕生した。

ユーザーには、所持していたビットコインの枚数に応じて、同等のＢＣＨが自動的に割り当てられたため、ビットコインキャッシュはスタート時から流通量が多く、今はすべての仮想通貨の中で、4番目の時価総額を誇っている。

ちなみに、その後、ビットコインからは、ビットコインゴールド（ＢＴＧ）、ビットコインダイヤモンド（ＢＣＤ）など、多くの派生コインが生まれている。ビットコインゴールドはマイニングの分散化を目指し、ＧＰＵでしかマイニングできない仕様だ。

POINT Segwit/ビッグブロック

Segwitとは、1MBのブロックサイズの仕様は変えず、それにカウントするデータの対象を変える（電子署名を除外）ことによって実質的にブロックサイズを2〜4MBに拡張する。ビッグブロックは、ブロックサイズそのものを引き上げる（8〜32MBまたはそれ以上）ことにより容量を増やすという考え方。

PoWも万能ではない

こうした騒動はビットコインなどの仮想通貨独特のものだし、懐疑派からすれば、不安定に思う部分だろう。だが、僕はこういったことも割と好意的に見ている。なぜなら採め事もオープンにされているからだ。

ビットコインキャッシュ支持者は「**BCHこそが本物のビットコインだ!**」とツイッターなどでも意気盛んだったりするし、非常にプロレス的で見ていて面白い。

何より、こうした各陣営の思惑までも（本心まではわからないが）明らかにされている点は、密室で政策金利などが決まっていく従来の金融政策よりも、健全に見えてしまうのだ。財務省内だって政策的にも人間関係的にも対立だらけだろう。でも、僕らはなかなか彼らが何を考えているのかはわからない。

ビットコインはLinux※などと同じく、コードがすべて公開されている。関係者の思惑までオープンソース……とまで言うのは、さすがにちょっと言いすぎかもしれないが。

Linux
フィンランド出身のリーナス・トーバルズ氏が開発したOS。ソースコードがすべて無償公開されているオープソースソフトウェアの代表格。

そして、PoWも万能ということではない。

この原稿を書いている2018年5月には、ロシアの取引所でモナコインに攻撃が加えられた。ネットワークの全体の50%以上のハッシュパワー※を持つハッカーにより、確定したはずだった取引が取り消され、二重払いが起こされた。被害額は日本円で1000万円程度ということだが、チェーン自体に対する攻撃ということで、インパクトは強い。

マイナーたちは自分たちの持つ機器を使って、一番効率良く利益が出る仮想通貨をマイニングしている。もうマイニングは個人の趣味ではなく、投資とリターンを追求するビジネスなのだ。

今はハッシュパワーを一時的にレンタルできる市場もあるから、マイニング難易度が低い割に時価総額が高いモナコインが標的になったようだ。モナコインに続いて、ビットコインゴールド、バージ（XVG）と、GPUマイニングが可能なコインが被害に遭った。

PoW型のブロックチェーンは、株式のすべてを公開している企業のようなものだと考えると、少しイメージがしやすくなるかもしれない。モナコインは資産の割に株価が安く買収の対象になった。ビットコインを筆頭に、発行主体がない仮想通

ハッシュパワー
マイニングを行う上で必要となるコンピュータの処理能力を示す。そのコインの価値が上がり、報酬目当てのライバルが増えればマイニングの難易度が上がる=コインのハッシュパワーが上がることになる。

貨が、それでも非中央集権にこだわるのか、寡占化を受け入れるのか。今後の動静は注目だろう。

リバタリアンの思想

短いPDF論文

ビットコインは、2008年秋にサトシ・ナカモトが、技術者コミュニティのメーリングリストに投稿した「ビットコイン：P2P　電子マネーシステム」と題された、PDF10ページにも満たない論文をきっかけに誕生した。

論文の冒頭にはビットコインが「金融機関を通さない2者間の直接的オンライン取引」を実現するものと規定されている。

そして、そのコンセプトに賛同したメーリングリストのユーザーがシステムの開

POINT　コンセンスアルゴリズム

ブロックチェーンを維持する方法（合意アルゴリズム）はいくつか存在する。PoWは電気の消費量が批判の的になることがある。PoS（プルーフ・オブ・ステーク）はコインの保有量が多ければ多いほどブロック作成が容易になるという仕組みで、電気消費量は少ないものの、Nothing Stake問題や持てるものがさらに豊かになるなど別の問題点もある。どちらが優れているというより、チェーンの目的によって最適なアルゴリズムを使うのが正しい。

発・改良に参加した。最初のビットコインユーザーとして知られる暗号技術者の故ハル・フィニーや、当時大学生だったマルッティ・マルミなどがその人たちだ。ハル・フィニーは、暗号技術に長けていたことから開発に参加。最初にサトシ・ナカモトからビットコインを受け取った人物である。

マルッティ・マルミは、大学でプログラムを学んだだけで開発の経験はゼロということもあり、技術力には長けていなかった。しかし、ビットコインの仕組みや概念をよく理解している人物だった。彼は初期にビットコインのウェブサイトの管理を任されており、ビットコインフォーラムの開設者でもある。

サトシ・ナカモトの初期論文に描かれたビットコインの仕組みは、リバタリアン（自由主義者）の思想背景と合致し、彼らが初期の熱心な支持者になった。彼らを強く惹きつけた概念こそ、**ディセントラライズド（非中央集権化）された社会のありようだ。**

多くの人は、最大の中央集権というと国を思い浮かべると思う。

特に日本人は、国家に対して根拠なく絶大な信頼を寄せているが、世の中には国を信じていない人たちも大勢いる。

POINT　リバタリアンの価値観

経済的な自由に加えて、個人的な自由（自由な意思）を尊重する思想。究極的には国家や政府といった個人を支配する権力を廃し、個人の財産権を侵害する徴税や再配分を否定する。他者の自由を侵害しない限り、個人に最大限の行動の自由を認める考え方である。ビットコインは、「サイファーパンク」と呼ばれる技術を通じて個人の自由やプライバシーの実現を目指す人々に熱烈に支持された。

以前、僕はインドネシアの奥地の村を訪れたのだが、そこで村人に「あなたはインドネシア人ですか？」と尋ねたら、「何それ？」と真顔で聞かれたことがある。そもそも国という概念自体がない人だっているのだ。

意外と国は信じられない

「何百年か続いた国民国家とか、そういう概念をガラガラポンしたいよね。国が全部決めるのって、なんかもうダサいよね」

リバタリアンの思想を一言で表現するのは難しいが、僕はビットコインの始まりは、こんな心理だったんじゃないかと想像している。

「ビットコイン・ジーザス」と称されたロジャー・ヴィアもその一人だろう。彼は開発者ではなかったが、事業の成功で築いた財産を用い、初期ビットコインを大量購入。その価格を1・89ドルから3・30ドルまで引き上げるとともに、積極的な発言でビットコインを世に広めた。ビットコイン分裂騒動以降は、ビットコインキャッシュに力を入れ、その啓蒙活動を進めている。

そんなロジャーは元々アメリカ人だったのだが、現在は東京在住のセントクリストファー・ネイビスの市民である。

彼は20歳の時、カリフォルニア州議員選挙に出馬したが、選挙戦のさなかに逮捕される。爆竹と害虫駆除剤を混ぜて作る商品をライセンスなしで販売したことが爆発物取締法違反に問われたのだ。多くの者がこの商品をネット販売していたが、捕まったのは彼だけだった。結局、彼は10カ月の禁固刑に処され、これをきっかけに、アメリカに失望した。

日本だろうとアメリカだろうと、**国なんていうものは、案外信じられないものだ。**僕が言うと、ちょっと説得力を持って聞いてもらえると思うのだが。

サトシ・ナカモトの論文が初期ビットコイナーたちを本気にさせたのは、P2P開発者や僕たちのような、規制を破りたかった人間たちの死屍累々の上に、ついに生まれた解だったからだろう。

資産防衛としての仮想通貨

自国のお金を信用できるのか

初期のビットコイナーたちには、おそらくそのほとんどに投機の目的はなかっただろう。「面白そうじゃん！」みたいな、ただのノリのようなものだ。

マイニングというインセンティブと、人気になればなるほど広まり、価値が上がるという通貨の本質的メカニズムを上手く合わせることで、実質的に誰も規制ができないモノを作り上げられる。ちょっと腕のあるプログラマーにとって、こんな楽しいオモチャはない。

バカにするわけじゃないが、ビットコインは「子供銀行券」みたいなものである。「子供銀行の運営を手伝ってくれたら、一番上手にお手伝いしてくれた人に、子供銀行券をあげます」というのが元々のマイニングだった。

しかし、ビットコインに興味を持ったのは、ギーク的な技術者だけでも、はっきりとした政治的スタンスを持つ者だけでもなかった。自国が信用できない、自国の通貨も信用できない状況にある中で、必死に自分の財産を守りたいと思う人々が世界中にはたくさん存在した。

僕たちは日本円という、世界的に見ても、非常に強力とされる通貨のもとに暮らしている。国の借金はものすごい額になっているが、幸いにして政情は安定しているし、軍事クーデターが起きるリスクもない。今から1年後、いきなり日本銀行券が紙くずになる可能性は限りなく低いだろう。

だが、世界を少し見渡してみれば、そんな国は珍しい部類に入る。

自国通貨を持っていても米ドルやユーロの方が価値を持つ国は数え切れない。

カンボジアはリエルという自国通貨を持つが、ほぼすべての商品の値段は米ドルで表示されており、リエルはお釣りで渡されるぐらいだ。長く続いた内戦の記憶は深く、カンボジア国民はまったく自国通貨を信用していない。あるいはハイパーインフレで自国通貨を廃止したジンバブエなんていう国もある。

この2国はやや極端な例だが、大半の途上国では1ドル札でチップを渡した方が確実に喜ばれるだろう。

❙POINT❙ カウンターパーティーリスク

金融用語としては、デリバティブ契約が相手の倒産などにより債務不履行になることをいう。もう少し語義を広げて「相手によるリスク」という形で使うことが多い。円・ドル・銀行預金などは、倒産や国家破産など、自分の責任でない事柄でお金を失うリスクがある（カウンターパーティーリスクあり）。カウンターパーティーリスクがないものは現物資産（ゴールドや、絵画）であり、ビットコインもそれに含まれると考えられている。

2013年にはギリシャ経済危機に端を発し、地中海の小国・キプロスで金融危機が起きる。ユーロ圏では初めてとなる預金封鎖が発表されると、金融機関に依存しないビットコインは大きな注目を集め、ビットコインの価格は上昇した。

過去に7回のデフォルトを起こしているアルゼンチンのような国では、自国通貨より米ドルが信用されているが、米ドルより扱いやすい通貨代替物としてビットコインが使われている。ちなみにキプロスでは大学の授業料をビットコインで支払えるようにもなっている。

中国マネーの動向

そして、ビットコインに一気に資金が集中したのは、やはり中国の影響が大きい。

歴史的にも自国の通貨を信用していない中国人は、資産を安心して持てる方法を常に探している。中国では土地の所有権も政府のものだ。一般の人が購入できるのは、建物とその土地を70年間使用できる権利だけ。日本でいえば借地権しか購入できない。だから中国人が日本の土地に投資をするのは、合理的な行動だ。

土地が国のものならば、通貨だって本質的には同じだということを彼らは知っている。彼らにとっては、**ビットコインの秘密鍵の方が、「自分が持っている」ということを実感できる**のかもしれない。

中国政府は資金が国外に流れることを嫌って、外貨取引を厳しく制限している。2015年の人民元切り下げで人民元に先安観が出た際は、リスク回避の手段として、富裕層の資金が一気にビットコインに流れた。人民元を資本規制の対象外であるビットコインに交換し、あとから米ドルに換えるという目的だ。

株式と同じく、ビットコインの対法定通貨レートはさまざまなトピックに反応するが、特に中国政府の動向は大幅な値動きの理由だ。

2017年までの相場高騰を支えたのは中国マネーだ。17年秋に中国国内でのICOと仮想通貨取引所が全面禁止されるまで、ビットコイン取引の9割は人民元建てだったし、今もマイニング業者の多くが中国を拠点としている。マシンの購入費用や電気代を人民元で支払い、それをビットコインという外貨に換金していることになる。

以前とは流動性がケタ違いだったということもあるが、日本国内ではあれほど大きく報じられたコインチェック騒動は、ビットコインの値動きにそこまでの影響は与えなかった。

僕は仮想通貨投資を強く勧める気持ちはまったくないが、日本円だけで暮らしているとなかなか実感できない、世界中の人々のお金に対する意識や感覚を学ぶ上では、ひとつのメリットがあるのかもしれない。

お金を作るということ

ビットコイン前夜の電子マネー

ビットコインは、インターネット史が始まって以来、初めて法定通貨から完全に独立することに成功した電子マネーだ。

インターネットにとって、オンライン決済の普及は長らく大きな課題だった。本来的にフリーミアムなモデルのネット世界では、ユーザーから課金を行えるようになるまで、結構な時間がかかっているが、それには決済手段が整備されていなかったという問題も大きい。

実際のところ、クレジットカードを使ってオンライン決済を行うには、多くの個人情報を危険にさらさないといけない。

そんなネット決済の問題点を解決すべく、これまで多くの電子マネーが作られてきた。黎明期のものとしては1993年に誕生した「イーキャッシュ」がある。

イーキャッシュはデヴィッド・ショームという数学者が考案した電子決済システムで、国内でも野村総研と当時のさくら銀行が実証実験に参加するなど、将来の可能性を窺わせたが、利用者数が思うように伸びず、98年にサービスを停止する。運営会社のデジキャッシュ社は倒産した。

残念ながら、当時のユーザーは意外とオンライン上のセキュリティに興味がなかったし、そもそもまだネット上で「物を買う」という習慣自体が根付いていなかったことにも理由があるだろう。

僕自身のキャリアも決済サービスの構築から始まっている。

あれは１９９６年頃の話だろうか。当時のオン・ザ・エッヂでは、小室哲哉さんとＴＫファミリーのウェブサイトの制作を一手に手がけていた。

小室さんは日本のアーティストの中でも、音楽の主戦場がデジタルに移行することをいち早く見通していた人だと思う。サイトでは当時、人気絶頂だったglobeのライブチケットや、楽曲をダウンロード販売していた。

どうやってクレジットカードの決済機能をどのようにサイトに繋ぎ込むか。僕らはさまざまな方法を模索しながら進めていった。

あの当時のコンテンツへの課金は、本当に試行錯誤で、ＫＤＤＩの国際電話を使う方法などもあった。ユーザーには国際電話料金が高い国、例えば南太平洋の国に電話をしてもらい、その国際電話の通話料を電話会社から戻してもらうのだ。

今、仮想通貨取引所の経営に携わっている人たちは、当時のオンライン決済畑を経験している人が多い。僕もそうだが、あの頃、決済に散々苦労させられていたことから、ビットコインの仕組みや有用性は理解しやすかったのだ。

マウントゴックス事件の直後、世間が悲観的な空気の中にあっても、多くの仮想通貨取引所が立ち上がったのには、そんな背景もある。

株式100分割の意味

決済システム黎明期には、通貨のようなものを発行しようという動きもあった。今も続くビットキャッシュやウェブマネーといった電子マネーは、デジタルデータを購入する際、クレジットカード決済に不安を感じる一部の人が利用することはあったが、爆発的な普及はしなかった。

それでもネット企業と金融サービスは絶対に融合するべきものだった。ライブドアでもライブドア証券をやっていたが、銀行も作ろうと試みた。

当時、アメリカでは「レジキャッシュ」といって、店舗のレジで会計する際に、そこで同時にお金を引き出すATMのような仕組みがあった。

僕は本気でライブドア銀行を作って、この仕組みを実現したかった。お札しか出ないATMを格安で作り、全国に配置する計画だった。結局、これは規制の問題で実現しなかったのだが。

そしてもうひとつ。

ウェブマネーもビットキャッシュも、結局「通貨」ではない。あくまで日本円をポイントのようにチャージして使いやすくしただけのものだ。

僕の考えていた「お金」とは、もっと根源的なものだ。

それが2004年、ライブドア株の株式100分割だった。

株式市場は一部の金持ちのものではなく、公共財である。

多くの企業が投資単位を大きく下げて、たくさんの参加者を募れば、より多くの株主から応援してもらえることになる。

これが僕の考える健全な株式市場の姿だった。すべての人に株式投資への門戸を開き、ポートフォリオを組めるようにして、ベネフィットを提供すべきだと。

選択できる世界

そして、ライブドア株の分割を繰り返すことで、どんどん株の単位は小さくなる。

そうやって市場に出回るようになると、100万円ぐらい持っていないと買えなかった株が、10円、もしかしたら1円単位にまで価値が下がる時がくる。

これって、もう通貨のようだ。流動性を極限まで高くしていくと、株を通貨のように使えるのではないか。

仮にライブドアの従業員数が、何十万人になり、ワールドワイドなコングロマリットに育っていけば、その中に小売業があり、農業があるような仕組みができる。その中では、肉も野菜も、ライブドア株で買える。完全なエコシステムが完成するかもしれない。

言ってみれば、これはひとつのバーチャル国家だ。

そこまでいくと、面白い実験ができるのではないか。サイズが大きくなりすぎた日本という国の中で、その役割を企業が肩代わりする時代がくるのではないか。こういう仕組みをいち早く作って、世界に広めてやろう。

僕があの時、作ろうとしたのは、通貨のようなものだった。

そして、日本という国家の概念を相対化させようと考えた。

こういうことを言うと「無政府主義者」とか「日本が嫌いなら出て行け！」とか言われるのだろうが、別に日本が嫌いなわけじゃない。

ただ、「選択できる」ということが重要なのだ。

「どの通貨を使うのか」という選択は、実質的に「どの国に所属するのか」と置き換えられる。

アメリカの市民権を得るためには、グリーンカードを手に入れてからさらに5年がかかる。セントクリストファー・ネイビスならば40万ドルの投資で国籍が取得できるらしいが、それだって普通の人には難しいだろう。

もっとカジュアルに、どんな人でも、自分が住む世界を自分で選択できるようになってほしかったのだ。

それが僕の考える「自由」ということだった。

当時、そんな計画に気がついた人はいなかっただろう。でも、守旧派の人たちは、何か嫌な感じがしたんじゃないだろうか。散々非難もされたし、計画は僕自身の逮捕で潰されることになった。

今、仮想通貨の業界で行われていることを見ていると、20年ぐらい前のことを思い出して、柄にもなく、少しだけ懐かしくなる。

進化したテクノロジーは、かつて僕たちが「こんな世界ができたら良いな」と思い描いていた理想を実現させつつある。

干渉させない仕組み

リアルマネートレード

ビットコインや仮想通貨の考え方は、オンラインゲームのリアルマネートレードとよく似ている。

リアルマネートレードとは、ゲーム内の通貨（ドラクエでいうゴールド）やアイテム、アカウントやキャラクターなどを、現実のお金に換える行為で、多くの場合はゲーム内規約で禁止されている。

しかし、リアルマネートレードは今のところ、日本国内で違法ではない。ゲーム内アイテムの売買などが、儲け話に繋がって問題となることで、当局の介入を招く恐れがあるため、運営会社が自主的に規制しているだけだ。

もちろん、規定に抵触すれば、アカウントを凍結されたり、退会させられる可能性もあるから、まったく勧められるものではない。ちなみにオンラインゲームが盛んな韓国では違法となっている。

僕もその一人になるのだが、単純にもっと自由に、もっと利便性の高い通貨のようなものがあったらいいと考えるクラスターの人たちは、新しいお金を作り上げることを、いろいろな形で実現しようと今までに動いていたのだが、なかなか難しかった。それは技術的に難しかったというわけではなく、政治的に難しかったのだ。

通貨発行権は国民国家の主権に非常に密接に関わっていることだから、国家というのは本能的にそれを潰しにかかる。

実際に多くの人たちがいろいろな実験をして失敗しているし、なかには僕みたいに逮捕された人もいた。国が意識して潰しているのかどうかはわからないが、結果として潰しにくるのだ。

しかし、**ビットコインは政府が干渉できないようにする仕組みを作ってしまった。**

まず、明確な中央管理者がいない。中心となって開発を進めている技術者たちは存在するが、全世界に散らばる彼らを一網打尽にすることは不可能だし、法的な根拠も作れないだろう。

せいぜいが、自国でのビットコイン取引所の運営を禁止するとか、マイニングを規制するぐらいの嫌がらせだ。業者はすぐに国外に逃げてしまえばいい。

ビットコインが衰退するとしたら

この本の打ち合わせをしている時に、編集者にこう問われた。

ビットコインなどの仮想通貨が急速に衰退していくことがあるとすれば、どんな理由が考えられるか？

答えはこうだ。

「地球が滅ぶ、とか（笑）」

インターネットそのものがなくなれば仮想通貨は潰れるが、現代において、それは社会が機能しないということだ。となれば、僕が考えられる答えは、「地球が滅ぶぐらいしかない」ということだ。

だが、そんなことを考えることに何か意味があるのか？ なんでそんな議論をするのか？ とすら思ってしまう。

たぶん、みんな仮想通貨が本当に安全かどうか心配だからなのかもしれない。しかし、世の中には100％の安全は存在しないので、それを気にしても仕方がない。不安ならば、その時点でアセットアロケーション（資産配分）すればいい。なにも仮想通貨のまま持ち続けなければならないということもない。「ビットコインが嫌だな」と思ったら、ドルに換えてもいいし、モナコインに換えてもいい。

しかし、フィアットマネーだって盗まれる可能性もあれば、銀行が潰れてしまう可能性もあるし、国がデフォルトする可能性だっていくらでもある。

誰しもが正解を求めたいと思っている。未来永劫続く正解がほしいのだろう。ただ、残念なことに、そんなものは存在しないのだ。

現時点で仮想通貨を扱う上での懸念点を挙げるとしたら、それは秘密鍵を自分で忘れてしまうことくらいだろう。

セルフGOXには気をつけろ!

これについては、僕もちょっと痛い思いをしていたりもする。

第3章

イーサリアム革命

ヴィタリック・ブテリンという異能

17歳で出会ったビットコイン

多くの人が、それに価値があると信じることができれば、モノはお金としての機能を持ち始める。ビットコインという存在は、通貨やお金が人々の共同幻想の産物だということを指し示した。

チャートに並ぶコインは、それぞれが日本円であり、米ドルであり、あるいはジンバブエドルだと思えば、理解はしやすい。これまでの法定通貨を代替する存在が、デジタルの中に作られたというだけの話だ。

そんなアルトコインのひとつとして表現するならば、イーサリアム（ＥＴＨ）は、２０１８年１月には対フィアットマネーで、最高価格を更新。後述するＩＣＯに関連しても注目を集めている仮想通貨だ。

僕がイーサリアムの存在を知ったのは２０１４年の春だ。本書でも監修をお願いしている大石哲之さんのブログ記事を読んだ時のことだった。

正直、身震いを覚えた。もちろん、それは儲かるとか、円やドルの代わりになるといった単純な理由ではない。

イーサリアムについては、その成り立ちから語っておきたい。

イーサリアムの共同創設者で、プロジェクトを発起したのは、ヴィタリック・ブテリンという現在24歳の若者だ。

ロシアで生まれたブテリンは幼少期にカナダへと移住。小学生でプログラミングを学び、高校３年時には、国際情報オリンピックでブロンズメダルを取るなど、テクノロジーとともに育った少年だった。

17歳のある日、彼が出会ったのがビットコインだ。父親から「面白い仮想通貨がある」と言われたことがきっかけだった。最初は興味を持たなかったブテリンも、多方面からビットコインの話を聞くようになり、徐々にビットコインに傾倒するようになっていった。ブロックチェーンが作り出す、中央管理者の存在しない世界に魅了されたという。

「ブロックチェーンの魅力は、分散型であることだ」

ブテリンはそう語っている。フェイスブックやグーグルのような企業が管理権を握るのではなく、各自が参加することで作られるネットワークでは、より効率的で、より透明性が高く、より公平なマーケットが生まれる可能性があると彼は考えた。

2年後、19歳の大学生になっていたブテリンは、ペイパルマフィア※のボス・大物投資家のピーター・ティールが始めた「ティール・フェローシップ」に参加する。大学を辞めるなどの条件を満たせば、起業を志す20歳未満の優秀な若者に、10万ドルの資金を与えるというプロジェクトだ。

これをきっかけにブテリンは大学を辞め、世界中のビットコインのプロジェクトを見聞する旅に出る。その旅で彼は、ブロックチェーンの技術を、個人認証やクラウドファンディングなど、通貨以外の目的に使おうとしている人がいるということを知ったのだ

だが、当時のビットコインで用いられていたブロックチェーンは、これらの目的を行うのには不充分な機能しか持っていなかった。そこで、あらゆる目的のために使える新たなブロックチェーンのプラットフォームを作り出すことを考案。イーサリアムの核となるアイディアが誕生した。

ペイパルマフィア
1998年にアメリカで創業したクレジット決済サービス・PayPalの創業時メンバーたち。同社退社後、シリコンバレーで数々の有名企業を立ち上げる。テスラ・モーターズ会長のイーロン・マスクもその1人。

２０１３年、ブテリンはイーサリアムを作り出した。

イーサリアムは、ブロックチェーンの相互合意システムを利用し、世界共通のアプリケーションの基盤を目的として作られたプラットフォームである。

ごく簡単に言えば、ブロックチェーン上に仮想通貨の金額や受取人などの取引情報だけではなく、契約（スマートコントラクト）を記述してしまおうという仕組みだ。

数千万円が取り出せない！

このイーサリアムのコンセプトを知って、僕はすっかり納得してしまった。当時、すでに僕はビットコインの概念やブロックチェーンの仕組みについては、一定の理解をしていたつもりだ。

しかし、ブロックチェーン技術を利用した、他の用途の可能性まではあまり調べていなかった。目からうろこが落ちる思いだった。公開鍵暗号方式とビットコイン型のブロックチェーン方式の認証システムのコンボの破壊力は、想像するだけで凄まじいものがある。

そこで、前述した通り、いろいろな人からもらっていたビットコインを、当時で1万数千円分かき集め、2014年の9月に行われたイーサリアムのICOに参加したのだった。

もちろん、イーサリアムの先進性に注目したのは、僕だけじゃない。ビットコイン価格の伸びも手伝って、イーサリアムは約2年後の2016年にはICO時から35倍の価値に高騰していた。

当の僕はというと、実はセールに参加したことすら忘れていた。ICOから実際にイーサリアムがリリースされるまでには、1年以上かかっていた。価格高騰のニュースを見て「あれ？　持ってなかったか？」と、思い出し、イーサリアムの入っているウォレットにアクセスしたのだが……。

画面に表示されるのは「invalid password」というメッセージのみ。

時間が経ちすぎていたことから、僕はイーサリアムの入っているウォレットの秘密鍵を解除するためのパスワードを失念していたのだった。今でも、たまに思い出したように打ち込んでみるものの、うんともすんともいわない。

これが、いわゆるセルフGOXというやつである。

❙POINT❙　セルフGOX対策

秘密鍵を失い、コインが取り出せなくなることは多い。メモを間違えたり、スマホのアップデート時に間違えて消してしまったりといったことが主な原因。仕組み上、復活は不可能。失ったらショックで仕事に手がつかないような金額を保管する場合、ハードウェアウォレットを利用することをお勧めする。1万5000円前後と多少高価だが、保管する金額と照らし合わせて保険と思えば安い金額だろう。

僕はまだいい。２０１４年に、たまたま食事をしていてイーサリアムの話をしていた僕の友人なんかは、セール時に約20万円分のイーサリアムを購入していた。彼も僕と同じく、パスワードを忘れてしまったという。

２０１８年初旬に、イーサリアムはＩＣＯ時の売り出しから１０００倍以上の価値になった。僕のウォレットには、日本円にして数千万円の、友人のウォレットには数億円分のイーサリアムが眠っている。

スマートコントラクトとは

「契約」を自動執行する

イーサリアムがコンセプトとして掲げ、初めて実装に成功した最大の特徴、スマートコントラクトとはどういうことかを考えていこう。

そもそも、イーサリアムは決済用に作られたビットコインと違い、ブロックチェーンを使ったアプリケーション開発のためのプラットフォームだ。取引所などで売買されるＥＴＨは、イーサリアムで作られたアプリケーションを動かすために利用される。

ビットコインは、ブロックチェーン上に「○月△日に、ＡがＢに１ＢＴＣを送った」といった取引履歴が延々と刻まれている預金通帳のようなものだということは、前章で述べた通りだ。

日本に紹介され始めた時のスマートコントラクトは、この取引の際に、お互いが合意した取引の「契約条件」までを記録するものとされていた。そして、契約を自動的に実行し、その内容を改ざん不可能なものとして、ブロックチェーン上に保存していく機能を持つことにある。

もう少しかみ砕いて説明していこう。

法的な意味としての「契約」とは「僕が○○をしたら、その代償として、あなたは××をしてください」という「約束」だ。「１万円を5回払うから、あなたの持っ

▌POINT▌ スマートコントラクト

1994年にNick Szaboによって提唱された概念。コンピュータを使い、デリバティブなどの契約、金融取引、業務ロジックなどを条件に従い自動的に執行するもの。ブロックチェーン上でのスマートコントラクトの執行にあたっては人間または信頼できる第三者の仲介が不要で、当事者同士だけで行えるという特徴がある。

ているiPhoneの所有権を譲ってください」といった約束を、お互いが反故《ほご》にできないよう、書面などで取り交わすことだ。

そして「契約」には付帯条件が加わることがほとんどだ。例えば「もしローンの支払いが期日から1カ月以上遅れた場合、遅延損害金として年利30％が発生する」「支払いが完了してから1年以内にiPhoneが自然故障した場合、代金の半額を返金する」といったものだ。

ここで大きな問題となるのが、契約の執行である。

ローンの遅延や故障が発生した場合には、購入者か販売者いずれかには、相手方への支払いの義務が発生する。しかし、本当にそれが支払われるかどうかはわからない。拒否されるかもしれないし、のらりくらりかわされるかもしれない。

このようなケースでお金を回収するためには、法的に契約が正しいと明らかにして債権を確定させた後、最終的には裁判所に強制執行を求めることになる。手間もコストも甚大で、とても割に合わない。

スマートコントラクトは、こうした**契約条件の取り決めや証明・執行の方法まで**

を自動化させるアプリケーションやプログラムと考えてもらえばいい。ごく簡単に言えば、支払いが遅れたら、購入者の口座から販売者の口座に自動的に遅延損害金が移るようなプログラムが組めるということだ。

アイディアよりも実行力

当初のイーサリアムは、こうした「電子契約」が、その主な用途として掲げられていたが、もっと応用範囲は広い。

現在、イーサリアムが自身のキャッチコピーとして掲げているのは「分散アプリケーションの基盤」というものだ。

これはブロックチェーン上にあることで、世界中の誰もが使えて、誰からの恣意的な干渉も受けず、絶対に止められることなく動き続けるコンピュータだ。

分散型であるから、そこで作られたルールは誰にも変えることができない。そして、そのルールは第三者の手を経ないで自動的に執行される。

「電源ケーブルを抜いても止まらないコンピュータ」や「核戦争で人類が滅亡して

も、コンピュータは動き続ける」といった設定は、SFの世界で、数十年前から描かれていたことでもある。

ブロックチェーン上で、コインの移転というシンプルな機能だけではなく、自由に設計できるプログラムを走らせることができたら、というアイディアは、ビットコイン開発者の頭の中にもあったと思う。

僕は常日頃から「アイディアなんてものは、世界中で同じことを考えている人がいる」と言っている。これができたらいい、ここは変えた方がいい、こうすればいいのに、そんなことは誰しもが頭の中で思い描いている。それを口にするぐらいは誰にでもできる。よく自分の構想だけをネット上に書き、それを別の誰かが実現すると「パクられた！」と憤る人もいるが、それはお門違いである。

重要なことは、そのアイディアを実現することである。

ブテリンには、この行動力と実行力があった。

自ら動き、大学を辞め資金を得て、イーサリアムの開発に全力を注いだ。そして、イーサリアムのホワイトペーパーを書き上げ、当時はまだ珍しかったＩＣＯという手段を用いて、日本円にして約15億円を集め、そのマネーの力によって世界中から

▍POINT▍ ホワイトペーパーの秘密

ホワイトペーパーはICOには必須であり、いわゆる事業計画書や目論見書に当たる。コインの目的や、利用形態、仕組みや技術の詳細、発行枚数や発行方法、開発チームの詳細などが書かれている。近年問題になっているのは、ほとんど中身のないホワイトペーパーの存在。他のペーパーからのコピペや、それらしいことを書いて体裁を整えるライターの存在などが明らかになっており、ICOに参加する人はよくよく注意が必要である。

優秀な技術者を集め、イーサリアムを実装した。

それを2年にも満たない期間でやり遂げ、イーサリアムをローンチしたこと、そして世界的なブームにまで持っていったことには、心から敬意を表したい。

社会のすべてが変わる時

「買い物」だけではない

それでは、スマートコントラクトを実装したイーサリアムでは、実際にどのようなことができるのだろうか？

端的に言えば「社会のありとあらゆるものが変えられる」ということだ。

イーサリアムはビットコインとは別のブロックチェーン技術が使われていて、ブロックチェーン上で任意のプログラムやアプリケーションを走らせることができる。これは改ざんが不可能で、ネットワーク上で自動執行されるので、誰かがそれを止めることもできない。

先にiPhoneの例で述べた通り、**すべての商取引というのは「契約」によって成立している。**スマートコントラクトを使えば、電子書籍や不動産などの機能も作ることができる。

一番わかりやすいのが、電子書籍や音楽ファイルのようなデジタルコンテンツだろう。古本のように売買することも可能になる。所有権が移転した瞬間に、売った側はコンテンツを実行できないようなプログラムを組み込めば、違法コピーの問題が解決する。

配当付きの株券や保険証書にも使用できる。

シェアリングビジネスであれば、支払いをして初めて使用可能となる、車や賃貸不動産物件の「鍵」を作り出すこともできる。

これまでの社会では、こうした商取引は、直接的・間接的に、誰か第三者の監督下や法律のもとで実行されるものだった。だから、行政書士に依頼するような煩雑な手続きや、関係官庁による個別の審査が必要だった。

これが自動化・無人化される。もちろんコストも最小限に抑えることが可能だ。

続々登場する未来のサービス

イーサリアムの技術を応用したネットワークの規模が数千万人、数億人単位になれば、その分野における商取引のすべてが一変する。

ここで登場するのが、トークンという仕組みだ。トークンは「ブロックチェーン上で発行した独自コイン」だ。

イーサリアムのプラットフォーム上で作成されたトークンは、ETHと同様に送金などができる。これを定義したのがERC20という規格だ。

ERC20がサポートされているウォレットであれば、この規格で作成された複数のトークンを、ひとつのウォレットで保管・取引が可能となる。ウォレットの代表的なものだと「MyEtherWallet」がそれに該当する。

ERC20はイーサリアムのネットワーク上のすべてのトークンが使用する共通言語であるため、ウォレットを持つ人同士であれば、自分が保持しているトークンと別のトークンと交換することも可能だ。

これを利用すると、「Airdrop」という投げ銭的なこともできる。あるERC20ト

▎POINT▎ ERC20トークン
イーサリアムのトークン標準規格。イーサリアム上のトークンは、スマートコントラクトのプログラムで実現されているが、いちいちそのプログラムを書くのは非効率であり、相互互換性もないため、標準化したプログラムのテンプレートが存在する。ERC20はその最初のもの。より機能を追加した、ERC223、ERC721などの規格もある。

ークンを持つ者が、イーサリアム所持者に対して自分の持つトークンを一方的に送信して、新サービスのプロモーションを行ったり、早くからトークンの流動性を上げたりと、いろいろな活用法が考えられる。

実際にサービスは続々と登場している。

「Ujo Music」はスマートコントラクトの技術を利用し、音楽著作権管理を変革しようとしている。P2Pを利用した音楽売買サービスで、代理店や小売店などの仲介業者を通さずに、直接音楽販売ができるようになる。まだまだ、陽の目を浴びていないサービスではあるが、グラミー賞受賞歌手の楽曲を、スマートコントラクトを活用して販売するなど活動的だ。

分散型クラウドストレージサービスの「Filecoin」は、P2Pで繋がった各ユーザーが自身の端末の余っているハードディスクを貸し出し、ファイルをブロックチェーンで保管。そのハードディスクの貸し借りをトークンで行っている。

そして、イーサリアムの活用は、ビジネス領域だけに留まらない。あらゆる行政サービスや人道支援にも活用が可能だ。

POINT Airdrop
トークンの無料配布方法はいろいろあり、特定のコインのホルダー（例えばビットコイン）などに配布するもの（Byteball, Stellerなどが実施）、またはRedditなどのソーシャルメディアで活動したり、Twitterと連携したりすると、それに応じてコインがもらえるアクティビティ評価形式などがある。

実証実験としては、難民に対しての食料支援も行われている。目の虹彩をスキャンして生体認証を行い、難民であることが証明された人に対して、食糧を提供する仕組みだ。契約を非中央集権化・自動化することにより、途中で中抜きされることなく、支援物資を難民のもとに届けることができるだろう。

DAOが提示する未来の組織

第2のマウントゴックス事件

2016年、イーサリアムにはある事件が起きた。後に「The DAO事件」と呼ばれるものだ。

The DAOは、ドイツのスタートアップである「Slock.it」によって始められた投資ファンドのプロジェクトだった。

一般的な投資ファンドは、特定の運営母体が資金を集めて投資先を決定し、利益を出資者たちに配分する。それに対してThe DAOは、イーサリアムのスマートコントラクトを利用して自律分散型の投資ファンドを目指していた。
プロジェクト内で使用されたのが、トークンの「DAO」である。

投資家として参加するには、ETHベースのDAOトークンを保有する必要があった。保有者は、投資先を決定する投票に参加できる。原資はDAOトークンが購入された際の資金が一括でプールされており、運用収益は出資比率に応じてトークン（要はETHだ）で支払われる。この未来のファンドは世界中のアーリーアダプターから注目を集め、**ICOは歴代最高額の150億円以上を調達する。**
しかし、その直後、The DAOからは364万ETH（当時のレートで約65億円分）が盗み出されてしまう。

The DAOにはスプリットという機能があり、運営方針に反対の場合、自分がプールしていたDAOトークンを別のアドレスに分離させ、新しいDAOを作ることができた。別のファンドを立ち上げるような機能と考えればいいだろう。

ハッカーはこの部分のプログラムの脆弱性を突いた。スプリットを何度も発生させ、自分が管理する新しいＤＡＯに大量のＥＴＨを移動させたのだ。もちろん、このＤＡＯにあるＥＴＨは、ハッカー以外は絶対に触ることができない。

ただし、プログラムの仕様上、スプリットされたＤＡＯにあるＥＴＨは、27日間は引き出せないようになっていた。この27日間の間に、関係者は対策を迫られることになった。

イーサリアムの自己矛盾

現実的に考えられるのは２つだった。１つは盗まれたＥＴＨが置かれているハッカーのＤＡＯをロックすること。銀行口座を凍結するようなものだ。この場合、ハッカーも盗んだＥＴＨを引き出せないが、Ｔｈｅ ＤＡＯにもＥＴＨは帰ってこない。この対策はソフトフォーク※と呼ぶ方法で可能とされた。

もう１つの方法は、「なかったことにする」だった。元々のイーサリアムのブロックチェーンには３６４万ＥＴＨがＴｈｅ ＤＡＯから移動したことが刻まれている

ソフトフォーク
コンセンサスルールをより厳格化する形で変更する方式。後方互換姓がある点が特徴である。

が、ＤＡＯ関連の残高を修正するコードを挿入し、３６４万ＥＴＨを別の安全なＤＡＯに移動させた新しいチェーンを作る。そして、それをイーサリアムの正式なチェーンとして採用するというものだ。

これはちょっと混乱すると思うのだが、「盗難が起きなかった」というパラレルワールドを新しく作るようなことだと考えてほしい。２章でも書いたが、これがブロックチェーン自体が分岐する、ハードフォークだ。

最終的にイーサリアムコミュニティは、大多数が後者のハードフォーク案を採った。

しかし、この決定はハードフォーク反対派に遺恨を残すことになる。

ＴｈｅＤＡＯの事件は、イーサリアム自体の脆弱性ではなく、ＴｈｅＤＡＯが実装したスマートコントラクトのコードに問題があった。

ＴｈｅＤＡＯは規模が大きいとはいえ、イーサリアムを使って実施されたひとつのプロジェクトにすぎない。それを救済するために、不可侵でなければならないはずの、イーサリアム本体のブロックチェーンにルール変更が行われた。

この決定は、**自分たちの落ち度で危機に瀕した巨大な民間企業に対して、公的資**

金を注入して救済するような国の姿にも重なる。「非中央集権」を掲げるイーサリアムにとって、自己矛盾であるという理屈だ。

そして、両者の相容れない状態が続いた結果、反対派の一部により、ハードフォークによって使用できなくなった旧イーサリアムを、より安全性の高い状態で継続して使える「イーサリアムクラシック（ＥＴＣ）」が開発された。

ＴｈｅＤＡＯ事件の際に、よく聞かれた言葉に「**Code is Law**」というものがある。**「プログラムコードこそが法律」**だ。

ディセントラライズドされた組織において、最も尊重されるべきものはコミュニティの大多数の意見ではなく、プログラムだ。これをＴｈｅＤＡＯ事件に当てはめると、脆弱性を突いたとはいえ、コード（法律）に沿って攻撃を仕掛けたハッカーは合法であり、反対にコードを恣意的に変更した開発者側は、違法ということになる。

僕もさすがにちょっとこれは原理主義的な考え方にすぎるとは思うが、ロジック自体は通っている。いずれにせよ、この原理主義VS現実主義の戦いが分裂を招いたわけだ。

人間が中心ではない

この事件からは、仮想通貨の本質的な考え方を知ることができる。そもそも「The DAO」というプロジェクト名が象徴的だ。

DAOとは「自律分散組織（Decentralized Autonomous Organization）」と訳される概念だ。これは「Code is Law」の原則に基づいた非中央集権的な組織の在り方を示している。つまり、組織の中心には、変更が不可能な契約やプロトコルがあり、それに人間が従うというものだ。

DAOの組織図を「中心＝プロトコル（機械）　周囲＝人間」としよう。

既存の会社組織は、経営者や株主が中心になって経営方針やルールを決め、それに従業員が従う。つまり「中心＝人間　周囲＝人間」の考え方だ。

オートメーション化された工場やロボットなどは「中心＝人間　周囲＝機械」となる。人工知能が最終的に目指すところは「中心＝プロトコル（機械）　周囲＝機械」だろう。

イーサリアムやビットコインをはじめとする仮想通貨の考え方は、このDAOの考え方に基づいている。中心にブロックチェーンがあり、それは誰からの干渉も受けず、自動的に執行される。プログラムに従い、ブロックチェーンのメンテナンスを続けていくことで、人は報酬を得ることができる――。

こうした概念で提示されるDAO的な未来が、人間にとって幸せなのかどうかは、僕にはなんとも言えない。

感情的に気持ち悪いと思う人は、やはり多いだろうし、一方で合理的じゃない経営者の判断によって従業員が苦しめられることなんて、世の中には掃いて捨てるほどある。

これは、ほとんど宗教論争のようなものだろう。

僕は将来的に、DAO的な未来が到来することは避けられないと思っているが、一方で「気持ち悪い」といった皮膚感覚は否定するものじゃない。それぞれの人たちが、住む世界を自分で選べばいいと思う。

ＩＣＯとは何か

ＩＰＯとＩＣＯ

ここまでに何度も「ＩＣＯ」という言葉が出てきた。

ＩＣＯというのは、Initial Coin Offering（イニシャル・コイン・オファリング）の頭文字を取ったものだ。新たにトークンや仮想通貨を発行する際、すでに市場に流通している仮想通貨で資金を集めるもので、「トークンセール」や「パブリックセール」とも呼ばれている。

企業が証券取引所に新規株式上場（ＩＰＯ＝イニシャル・パブリック・オファリング）するのに倣って、こう呼ばれている。ＩＰＯの場合は、その企業の株式を誰でもフィアットマネーで買えるようになるわけだ。

ＩＣＯを行うと、誰でも発行されたトークンを仮想通貨で購入することができる。株式もトークンも、一般に売り出す目的は、実現したいプロジェクトのためめの資金調達を投資家から幅広く行うことにある。株式上場の場合は、ＩＰＯで発行した株式を証券会社に仲介してもらい、投資家に販売する。

ＩＣＯは、株式の代わりにトークン（仮想通貨）を発行することで、直接投資家に仮想通貨で購入してもらうことになる。ＩＰＯを仕切るような主幹事証券会社の存在も、現状ではない。

イーサリアムもシードの段階でＩＣＯを行っており、スマートコントラクトの機能と実用性に注目が集まり、当時としては巨額の資金調達に成功した。

トークンを発行するプラットフォームとして主に利用されているのは、イーサリアム、ＮＥＭ、ＮＥＯ、Wavesなどだ。

イーサリアムが利用されるのは、前述したようにスマートコントラクトをトークンに実装する際に、ＥＲＣ20規格を使うことが多いからだ。そのため「イーサリアムはＩＣＯの基軸通貨」とも言われている。

中国版イーサリアム

ＮＥＭが採用されるのは、その特徴によるものが大きい。イーサリアムのように、スマートコントラクトによるトークンの発行が可能なのは同じだが、ＮＥＭにはＰｏＷのマイニングという概念が存在しない。

その代わりに参加者の重要度に応じて発言権が付与されるＰｏＩ（プルーフ・オブ・インポータンス）を採用しており、どれだけ流動性を高めてくれたのかを評価対象として報酬が与えられる「ハーベスト」という機能を持つ。

例えば、ＮＥＭを1万ＸＥＭ以上持ち、かつ特定のウォレットに入れると報酬がもらえる、といったものだ。ＮＥＭネットワークを積極的に使って、発展に貢献してくれた人が、利益を得られる仕組みになっており、ＰｏＷとは違った報酬の仕組みを持っている。

「中国版イーサリアム」と呼ばれ、独自の地位を築いているＮＥＯは、機能的にはイーサリアムと同じだが、ブロックチェーン上で取引の正当性を承認するコンセンサスアルゴリズムと、トランザクションの手数料の方式が異なる。また、開発言語に一般的なプログラミング言語が使えることから、比較的簡単に開発に参加できるようになっている。

２０１７年秋にZaifを運営するテックビューロ社が行ったＩＣＯ「ＣＯＭＳＡ」

▎POINT▎ NEMの実力

NEM＝New Economy Movementは多機能のアルトコインとして設計された。初期のメンバーに日本人がいたことや、日本の取引所がいち早く扱ったことなどから、日本において早期から根強いファンが存在する。特徴として、PoIという合意アルゴリズムを持ち、アポスティーユという公証機能、モザイクというトークン機能など、多機能な点が挙げられる。

では、「CMS」という名のイーサリアムベースとNEMベース、2つのトークンが発行され，100億円以上の資金が調達された。

9割以上が失敗する

2017年は巨大なICOが続いた年だったが、一方で、注意喚起が行われることも多かった。

ICOを行い、トークンを発行する側には、約束したプロジェクトを履行する義務も、運営側がそのトークンの価値を上げる義務もない。というより、そのあたりを規定する法整備がまだ進んでいない。

当たり前だが、株式を発行できるのは、登記を行った株式会社だけだが、トークン発行は法人格すら必要としない。個人であろうが財団だろうが、誰でも作り出すことができてしまう。

そのため、大々的にICOの宣伝を行い、プレセールなどでトークンの価格を釣り上げた上で関係者が売り抜けるということや、出資金を集めた後に、取引所で取引される（上場する）ような動きをせず、そのまま姿をくらましてしまう話も多い。未公開株詐欺と同じだ。

２０１８年４月にBitcoin.comが発表した統計によれば、ＩＣＯの81％が詐欺だという。残りも６％がプロジェクト失敗、５％がプロジェクト終了、残りの８％が取引所で扱われている。上場にたどり着いたとしても、最近はＩＣＯ時の価格よりも値を下げることが多い。

プロジェクト内容、どんな人物が運営のコアメンバーなのか、開発状況やコミュニティの雰囲気などは精査する必要があるし、少なくとも「上場すれば１００倍に上がります！」なんて広告をそこら中に打っているところは、まず怪しいと思っていいだろう。

ここまでで理解してくれたと思うが、ＩＣＯは玉石混交だ。ＩＰＯと同じだと考えると、危険かもしれない。新規の株式上場というよりは、**スタートアップ企業への投資に近い**だろう。

通常、シード期へのベンチャー投資は、仲間内で完結してしまうことがほとんどで、外部の資金は入れないことが多い。ＩＣＯは、１００万円単位のまとまった資

POINT　詐欺コインの特徴

集金そのものが目的のコインで、実際のコインは立ち上がらないか、または他のコインのコピペで言い訳程度に作られる。当然実用性はない。詐欺コインの特徴は、セミナーや友人からの勧誘だったり、値上がりを保証していたり、LINEグループで限定販売する、代理店が存在する、日本だけで販売されている、芸能人や政治家の推薦文があるなど。なおコインの販売には金融庁許可が必要なので、許可の有無を聞くのが簡単な判別法。

金がなくても、誰でも投資家として参加できる。ある意味では、開かれた仕組みだ。

なぜ資金が集まるのか

僕がやっている投資のメインは、スタートアップ企業に対するものだ。だが、こうしたエンジェル投資は、10社中、成功するのは1社か2社というのが普通のことだったりする。

僕も2014年頃には、いくつかのトークンセールに細かく参加していた。そのひとつがイーサリアムだったのだが、すべてが実を結んでいるわけではなくて、ダメになっている案件だってたくさんある。

たまに、僕が投資判断をする時の「基準」みたいなものを聞かれる。

投資家によっては、その企業の営業利益を重視したり、ROE※に注目するとか、それとも経営者の人柄重視とか、いろいろと信念みたいなものがあるようだ。

残念ながら、僕の場合はICOにしてもベンチャー投資にしても、体系化したものなんかは何もなくて、はっきり言えばノリである。調達規模やプロジェクトが置

ROE
Return On Equity＝株主資本利益率。株主が投下した資本金を用いて、どれだけの利益を上げたか、つまり企業が株主へどれだけ利益を還元＝責任を果たしたかを測る意味で、近年特に重要視されている経営指標。

かれているステージによって話は変わってくる。

ひとつだけ確かなのは、一般の人であれば「面白そう」と思うプロジェクトを応援するぐらいの気持ちで臨むことだろう。**間違っても「人生一発逆転」なんかを狙わないこと。**

投資家にとってはリスクの高いICO投資だが、巨額の調達に成功しているプロジェクトも多い。実体のある企業の上場と違い、発足間もない、下手したらホワイトペーパーしかないようなプロジェクトに、なぜ資金が集まるのだろうか。

それは、仮想通貨長者がたくさん存在するからだ。イーサリアムのICOに参加したり、ビットコインを初期から触っていた人たちだ。

メジャーな取引所に上場したようなアルトコインを初期から持っていた人たちは、膨らんだ大量の仮想通貨の使いどころに困っている。それをフィアットマネーに換金した瞬間、膨大な雑所得※となって税金が降り掛かってくるからだ。仮想通貨長者たちに対して、税務当局は特に目を光らせているし、絶対に脱税はできないと思った方がいいだろう。

だったら、大方の人は、そのままポジションすることになる。

膨大な雑所得

所得税における課税所得の区分の1つ。給与所得や事業所得に当てはまらないもので、仮想通貨の取引で得た売買損益はここに分類される。総合課税の対象で、給与所得と合算した額に応じて所得税の税率が決まる。所得金額が4000万円を超えた場合は、最高税率の45%と10%の住民税の合計55%が課せられる。

さらに、この眠らせたままの資金は、自らが汗水垂らして稼いだものではない。いわば手離れの良いお金だ。現在はＩＣＯへの参加もコインの使用とみなされ、課税対象となっているが、トークンや仮想通貨のまま再投資できる先として、バブルが起きている。

ＩＣＯ、その本当の価値

「会社を売らない」資金調達

報道などでＩＣＯ関連の話題を確認する限り、世間の大半の興味は「ＩＣＯでひと儲け！」か「ＩＣＯの危険性」のどちらかだ。少しビジネスをかじっている人ならば、流行りの資金調達方法として考えるかもしれない。

でも、こんなものは全部表層的な話である。ＩＣＯの本当の面白さは別のところにあるのだ。

それは、**議決権の有無**にヒントがある。

今まで巨額の資金調達をするためには、株式市場に上場、つまりＩＰＯすることが一番の近道だった。だが、通常の場合、株式には議決権がついている。大株主は株主総会で経営陣を交替させることだってできる。株を買われるということは、企業の一部を投資家に売るということだ。

ＩＣＯの場合、トークンを発行するだけなので、そこに議決権は存在しない。つまり、これはいくら資金調達を行っても、そのプロジェクトが買収されないことを意味している。

実は上場株でも議決権のない株というものが存在している。グーグルを運営するアルファベット社の発行する株がそれで、グーグルにはＡ株、Ｂ株、Ｃ株という３種類がある。これらの違いは以下の通りだ。

クラスＡ株…議決権のある上場株
クラスＢ株…議決権がＡ株の10倍ある未上場株
クラスＣ株…議決権なしの上場株

クラスB株は創業者であるラリー・ペイジとセルゲイ・ブリン、エリック・シュミットが握っており、上場されていない。

つまり、誰もが購入できるのは、クラスA株とクラスC株ということになる。しかし、クラスA株を持っていたとしても、議決権はクラスB株の10分の1。最終的な企業の方針は、大きな議決権のあるクラスB株を持っている3人の判断ということになる。

しかも、アルファベット社の株を購入しても、常に成長を続ける同社は収益を新たな成長分野へ積極的に投資しているため、配当金はない。

それでもアルファベット社は世界でアップルに次ぐ、7192億ドル（2018年3月末時点、クラスA株、クラスC株）もの時価総額を誇っている。

これは、議決権や配当とは関係なく、人々がアルファベット社に期待をしているということの表れだ。

クラスC株に議決権や配当はないが、アルファベット社が業績を伸ばしたり、新しいことや面白いことを行えば、株価が伸びる。その時のキャピタルゲインに期待しての投資だ。ネット通販最大手のアマゾンも似たような感じで、収益を新規事業に投資しているので利益を出していないが、株価は上がり続けている。

これは、すなわち、外部の投資家がいくら市場にある株を買い求めても、グーグルの支配的な株主になること、要は**企業を買収することが不可能**だということを意味している。

ＩＣＯの資金調達は、このグーグルＣ株に近いものといえるだろう。

史上最大のICO

２０１３年にロシア最大のＳＮＳ「ＶＫ」の創業者が立ち上げた「テレグラム」というサービスがある。世界初のエンドツーエンド※で完全に暗号化されたメッセンジャーアプリであり、プライバシーが担保された画期的なＳＮＳといえる。

一般の日本人には、ほとんど知られていないが、仮想通貨の世界ではすごく有名で、その暗号技術の完成度から、一説にはＩＳＩＬ※のテロリストが利用しているとも言われているほどだ。

現在、テレグラムは全世界で約2億人のユーザーを抱えている。

昨年から、このサービスがＩＣＯを計画しているとされ、その場合は調達金額が

ISIL
イラク・レバントのイスラム国。俗に言う「イスラム国」。イラクとシリアにまたがる地域で活動するイスラム過激派組織。

エンドツーエンド
通信やネットワークにおいて、通信を行う二者間を結ぶ経路全体のこと。

数千億円になると言われていた。時価総額ではなく、調達金額が数千億円というニュースには、僕も目を疑ってしまった。これはもうアップルやグーグルクラスである。結局、プライベートセールだけで1800億円以上を調達。パブリックセールは行わない模様だ。

ちなみに、史上最大のIPOは、2014年に中国のECサイト最大手アリババがニューヨーク証券取引所で上場した際の、2・7兆円の調達となる。

ゲームチェンジャーが出現する

近年のインターネットの世界は、GAFA（グーグル、アップル、フェイスブック、アマゾン）と呼ばれるような巨大企業によって、寡占化が進んでいた。フェイスブックのここまでの成長の背景には、新興サービスの買収を繰り返し、将来的に自分たちの脅威になりそうな企業の〝芽を摘む〟戦略があった。インスタグラムの買収が代表的だが、欧米で大流行していたメッセンジャー・ワッツアップ※も2014年に2兆円近い金額で買収している。ユーチューブもグーグルに買収された。

ワッツアップ
Facebook傘下のWhatsApp社が提供する世界No.1のメッセンジャーアプリ。特に西ヨーロッパ諸国やラテンアメリカでは圧倒的なシェアを誇り、ユーザー数は現在10億人を超える。

しかし、ＩＣＯを使って資金調達を行ったテレグラムについては、そのサービスがフェイスブックメッセンジャーを脅かす存在になっても、フェイスブックは買収できない。手出しができないのだ。

本来的に自由競争であり、既得権益層が存在しなかったインターネットの世界は、気がつけばどの業界よりも、寡占化が進んでいた。

テクノロジーは、競争が起こることによって進化する。より便利なサービスを提供し、世界が前に進んでいくためには、先鋭的なアイディアと実行力、技術力が資本や利権を持つ者から、邪魔されない仕組みが必要だ。

確かにＩＣＯは未整備の荒れ地だ。大半は詐欺だろうし、投資家の目的も、既存の株式市場以上に投機的だ。

でも、僕はこの荒れ地に、**世界を一変させる新たなゲームチェンジャーが誕生する可能性を見ている。**

僕はライブドア時代に言い続けてきた。「上場企業は株主のものである」と。

これは上場企業の経営者にとっては当たり前の大前提でもあるが、同時に身動きを縛られる鎖でもあった。

その呪縛にとらわれることなく、短期的な利益に経営方針を左右されることなく、純粋にユーザーの利便性を追求できるようなサービスが誕生することを願ってやまない。

第4章

国家と通貨と仮想通貨

リップル人気の理由

アルトコインバブルの主役

現在の仮想通貨マーケットで時価総額3位につけているのが、米リップル社が運営するリップル（XRP）だ。

2017年末、ビットコインが一時200万円以上の値をつけた仮想通貨バブルだが、激しく価格が上昇した（そして暴落した）のは、むしろビットコイン以外のアルトコインだった。

中でもリップルは、2017年11月時点で、1XRP＝25円程度で推移していたものが、1月初めに一時400円に達し、2017年1月の1XRP＝0・8円から、実に500倍となった（5月末時点では1XRP＝約70円）。

リップル社がミッションとして掲げるのは、銀行などの金融機関による国際間送金という分野だ。手数料が高く、着金までに時間のかかる現在の国際間送金を、リップルという分散型ネットワークを用いることで劇的に改善させるという。

ＸＲＰはリップルネットワーク内の通貨となるが、その主たる機能は、例えば日本円と米ドル、フィリピン・ペソとブラジル・レアルなど、２種の法定通貨の両替の手間を減らすために間に入る「ブリッジ通貨」というものだ。また、ネットワークを使った送金を行う際に、決済手数料としてＸＲＰを消費する。

不便だらけの国際送金

今の金融機関における資金移動の流れを簡単に説明しておこう。

まず、国内の銀行間の場合は、日本ならば各銀行が日本銀行（中央銀行）と「全銀ネット」などのネットワークで結ばれ、日銀当座預金によって、日本円で決済が行われる。

ところが、国と国を跨いだ資金移動の場合は、中央銀行に該当する機関がない。

そのため、金融機関は海外の「コルレス銀行」との間で口座を開き、それぞれの国の通貨で支払いを行う「コルレス契約」を結ぶ必要がある。

こうしたコルレス銀行間の送金メッセージを行っているのがＳＷＩＦＴ※というネ

SWIFT
国際銀行間通信協会。本部はベルギーにおかれる。世界標準の金融フォーマットで、国際送金における郵便局のような存在。世界200カ国以上の銀行で利用されており、現在はあらゆる国際決済がSWIFTを通じて行われている。

ットワークだ。日本国内における全銀ネットに相当する。

問題はコルレス関係にない金融機関同士のやり取りの場合だ。例えば、自分が口座を持っている邦銀のA銀行から、A銀行とコルレス関係にないブラジルのC銀行の口座に送金を依頼するとする。

この場合、A銀行に送金を依頼しても直接やり取りが行われるわけではない。A銀行からブラジル側のコルレス銀行であるB銀行（中継銀行）を経て、C銀行に入金されるわけだ。

さらに、マイナー通貨同士の取引の場合は、この中継銀行が2つになってしまうこともある。送金側のコルレス銀行から受取側のコルレス銀行を経て、受取銀行にたどり着くようなケースだ。

よくバケツリレーに喩えられるのだが、着金までには数日間を要し、かつ途中で送金が止まってしまうことも少なくない。中継銀行にもそれぞれ手数料が発生するため、数万円の送金で数千円の手数料が発生するのもザラだ。

確かに、こんなものは恐ろしく使い勝手が悪いし、グローバル社会にまったく適応できていない仕組みだ。

リップルを使えば、Ａ銀行とＣ銀行で直接、即時に送金・受取が可能になる。手数料もこれまでの海外送金に比べれば、ケタ違いに安い。

リップルの目的を絞った仮想通貨という着眼点は、ビジネス的には大きな成功を収めた。日本のメガバンクをはじめ、世界全体では１００行以上が参加して、送金実証実験もさかんに行われている。

「ビットコインは終わったが、ブロックチェーン技術は有用だ」

最近、特にエスタブリッシュメント層からよく聞かれる言説だが、この裏付けになっている存在のひとつが、リップルだといえるだろう。

安心感のあるストーリー

メガバンクから注目され、そのシステムやコインの目的もはっきりとしている……なるほど、確かに、とてもわかりやすいストーリーだと思う。ビットコインやイーサリアムと比べても、だいぶわかりやすい。

だが、正直なところ、僕は今ひとつピンときていない。はっきり言えば、その存在意義がわからない。

だって、海外送金も、ビットコインで済むんじゃないだろうか。

ビットコインやイーサリアムは、対法定通貨レートでのボラティリティは高いものの、全世界で同じ価値を持つに至った。

もう少し使い勝手の良いウォレットや付随するサービスが生まれれば、一般的にも通用するようになるのは時間の問題だ。

リップルがここまでの人気を博した背景には、**権威に対しての無自覚な「安心感」というものがあると思う。**

「大企業が認めている仮想通貨」という安心感もそうだし、リップルが既存の国家や通貨、銀行と共存する存在、つまり、通貨発行や金融システムという、国の既得権益を脅かさない存在というのも、安心感に繋がる。

リップルは、コンセンサスアルゴリズムにＰｏＣ※（プルーフ・オブ・コンセンサス）というシステムを使用しており、トランザクションの承認は、あらかじめリッ

PoC
最終的には、リップル社は自社のノードだけでなく、第三者のノードも含めて、承認ノードの数やプレイヤーを広めるとしている。

プル社が承認したノードのみによって行われる。これがよくビットコイナーから「中央集権的だ」という批判を受ける理由だ。

ビットコインの思想はディセントラライズドされた未来にある。ＰｏＷの合意形成アルゴリズムにより、運営主体がないということが、お金に対するフェアネスに繋がるという考え方だ。

それに対してリップルの思想は、とても現実的ともいえる。未来が今のシステムの延長線上にあるというのは、大半の人にとってイメージしやすい。

僕のような人間にはどうしても感覚的に理解しづらいが、その安心感が、時価総額でビットコイン、イーサリアムに次ぐ第3位という価値をもたらしているというのは、とても象徴的な話だろう。

銀行コインと共通ポイント

メガバンクの仮想通貨

ビットコインの拡大に対して、それに対抗すべくメガバンクもデジタル通貨の開発を進めている。三菱ＵＦＪ銀行は「ＭＵＦＧコイン」、みずほフィナンシャルグループも、ゆうちょ銀行や他の地銀と連携して「Ｊコイン」を開発しており、早ければ２０１８年度中にも実現する予定だという。

毎日新聞の報道によれば、ＭＵＦＧコインは、１コイン＝１円と法定通貨に価格を固定させる方針だが、資金決済法により完全に法定通貨と等価にしてしまうと、１００万円以上の銀行口座を通さない送金ができない。そうすると企業需要などが見込めない（今の電子マネーと同じだ）。

そのため、資金決済法の影響を受けない仮想通貨として発行する一方で、独自の取引所を開設し、取引を利用者とＭＵＦＧの間だけに留めるなどして、１コイン＝約１円に誘導することにしたという。

つまり、取引をＭＵＦＧとの相対取引に制限したということだ。なんというか、**いかにも銀行が考えそうなことである。**そして、僕にはどうしても、これが一般の人に流行る理由が見当たらない。

普通に暮らしている人が、１００万円の送金をする機会は、１年に１回あるかないかだと思うし、普段使いならばLINE Payで充分。もちろん投機目的の人が手を出すこともない。

しいて言えば、「テザー（ＵＳＤＴ）」のような、円にペッグされた仮想通貨があれば、比較的安全に法定通貨と仮想通貨の交換手段として使えるぐらいだろうか。仮想通貨の取引所や販売所の口座にいちいち入金しなくていいのは、ちょっと便利かもしれないが。

エスタブリッシュメント組織の弱点

そもそも、銀行自体が必要なのだろうか。

ここまで本書を読んでくれた人なら、もう結論は出ているだろうが、やがて銀行

▍POINT▍ テザー（USDT）とテザー問題 ①

Bitfinex傘下の企業が発行するUSドル連動型の仮想通貨。仕組みは単純で、USドルを預け入れると、それを担保に同額のUSDTを発行する。米ドルの銀行口座を持てない海外の取引所や小さい取引所が、USDTをドルの代用として利用し始め、例えばビットコインの場合、実際のドルとの取引量よりもUSDTとの取引量の方が多いのが現状だ。一方、次項で解説する疑惑も指摘されている。

に価値はなくなっていく。

銀行の最大の武器は、ブランド力による「信用」と中央管理による「安全性」だが、ビットコインは、取引相手を必ずしも信用しなくても成立する仕組みを作り上げた。テクノロジーの面だけでいえば、最高峰の安全性も持っている。

仮想通貨を貯めておくウォレットは、銀行口座と違って、いくらでも持つことができるし、ビットコインの世界では週末の夜中にコンビニのATMが使えず、途方に暮れることもない。ぼったくりの手数料ビジネスもない。

融資の形も大きく変わりつつある。詳しくは後述するが、クラウドファンディングは無限の可能性を秘めている。

保守的な世論の空気によって規制当局は動くから、既得権益自体はなかなかしぶとい。明日にでもこんな社会が訪れるのかと問われれば、それは僕にも疑問だ。しかし、それでも徐々に穴が開きつつあるのは理解してもらえると思う。

銀行が仮想通貨を発行する理由とは何だろう。おそらく「とりあえずやっておきますか……」みたいな話だ。

仮想通貨が話題になっている。お金のデジタル化の流れは止められそうもない。

▍POINT▍ テザー（USDT）とテザー問題 ②

テザー問題とは、預け入れられた米ドル以上のUSDTが発行されているのではないかというもの。CFTC（米商品先物取引委員会）から調査を受けるなど、不安が広がっている。過去にはビットコインの価格が下がると、USDTが突如大量に発行されてビットコインを買い支える動きが観測されている。もしUSDTが水増し発行されたものだとすれば、ビットコインの価格は実力以上に支えられていたということになる。

やらないと文句言われそうだ。でも、失敗はしたくない――。担当の銀行員の心境はこんなところだと思う。

2000年頃にFXがブームを迎えた時、大手の銀行や証券会社が、参入を見送ったのと同じことだ。

新しい動きが現れた時、大企業が弱い点は、まさにそこにある。

サラリーマンの人事評価は基本的に減点主義のため、失敗したら評価が下がる。逆に事業化に成功してもキャピタルゲインもないし、給料がほんのちょっと上がるぐらいだ。

ならば上司が納得する範囲で、無理なく、事故がないよう、やっているアリバイを作るサラリーマンが、自分の地位を脅かすようなリスクを取るわけがないのだ。

現代社会の抱えている問題点は、まさにここにある。**巨大なエスタブリッシュメント組織と、そこに属している人は、どうしても既得権を守る方向に力が働いてしまう。**

トークン化が進むポイントサービス

既存のサービスをベースにするならば、銀行コインよりも、流行る可能性があると僕が考えているのは、各社が導入している共通ポイントサービスだ。先日、楽天の三木谷浩史会長兼社長は、楽天ポイントとブロックチェーンを組み合わせた「楽天コイン」の構想を発表した。

顧客の囲い込みを目的とした共通ポイントサービスはビッグデータマーケティングの流行もあり、PontaやTポイント、dポイントなどが激しくシェア争いをしている。

野村総研の予測によれば、国内主要11業界のポイントやマイレージの年間発行額は、2020年には1兆円規模に達するという。

第1章でも書いたが、通貨の持つ3つの要素とは、価値の尺度、価値の交換、価値の保存とされる。また、「価値」とは、より多くの人からの「信用」だ。

共通ポイントサービスの先駆けは、カルチュア・コンビニエンス・クラブがレンタルビデオ店TSUTAYAの会員証に紐付けて2004年から始めたTポイントだが、２０１８年のアクティブユーザー数は６０００万人を超えるという。日本の人口の半分だ。

これはもう、完全なトークンだ。ネットショッピングでもリアル店舗でも、みんなポイントでモノが普通に買えることを知っている。

各ポイントサービスには運営主体があり、これを非中央集権化するわけではないが、例えばイーサリアムをベースにしてスマートコントラクトを実装することで、保険やローンといった金融業からシェアビジネスまで、ほぼ想像するすべてのことができるだろう。「ポイントを貯める」「ポイントを使う」だけではなく、６０００万人が参加する経済圏だ。

実際、僕は3年ほど前から、ポイントサービスに関係する様々な人たちにブロックチェーンの可能性を提案していた。

たぶんその時はビットコイン自体怪しいものだと受け取られていて、本気で動くところはなかったのだが、当時から暗号通貨化に大きく舵を切っていたところがあれば、今頃そのポイントの流通量はケタ違いに増え、世界中で使われていただろう。

後述するが、フリマアプリとして、すっかりその存在が定着したメルカリは、もはやひとつの経済圏を回すに至っている。

メルカリは2017年11月に金融サービスを行う子会社「メルペイ」を設立した。同社のウェブサイトに掲げられたスローガンは「信用を創造して、なめらかな社会を創る」だ。

リスクを取るということ

コインチェック買収劇

銀行も共通ポイントサービスも、すでに確立されたブランドや先行者利益を持っているため、未来に向かって思い切って舵を切っていくのは難しい。この話に関連しては、象徴的だと思う出来事があった。

２０１８年4月、ＮＥＭ流出騒動により、業務停止に追い込まれていたコインチェック社をネット証券の雄、マネックス証券を運営するマネックスグループが買収したのだ。

コインチェックは盗まれたＮＥＭに対する顧客への補償として、４６０億円（１ＸＥＭ＝88円で計算）を自己資金で捻出した。同社の収益状況は、２０１８年の３月期通期で営業利益が５３７億円。補償による特別損失４７３億円を計上したが、それでも63億円の利益が残った。

そのキャッシュリッチぶりには大方の人が驚いたようだが、彼らのビジネスモデルを見てみれば、驚異的な収益力はすぐに理解できる。

ビットフライヤーなど、仮想通貨を取り扱う大手事業者は一般的に「仮想通貨取引所」と呼ばれていた。「取引所」とは、売り板と買い板、つまり「この金額で売りたい」「この金額で買いたい」というマッチングの場だ。

コインチェックも慣例にならって「取引所」と呼ばれることが多かったが、売りと買いの板が立っていたのはビットコインだけ。ＮＥＭやリップル、ライトコインなど、取り扱っていた全13銘柄（事件当時）のアルトコインについては、すべて「販売所」だった。

要は国際空港の入国ゲートを出たところにある、ドルとか円を両替してくれる外貨両替所だ。コインチェックは「仮想通貨販売所」に、ビットコインのみ「取引所」の機能を持たせたものだといえる。

「取引所」の収益は、売りと買いが成立した際の手数料だが、「販売所」の場合は、販売所が売りの値段と買いの値段をそれぞれ決めている。

売り値は市場価格よりも高く、買い値は安い。売買差益、スプレッド※というやつだ。ＮＥＭのようなボラティリティが大きいコインはスプレッドも非常に高い。

「ノミ行為」批判は的外れ

こう書くと、他の取引所と比べて、コインチェックがあくどいビジネスをやっていたように聞こえるかもしれないが、そんなこともない。

外貨両替所だって日本円で１００円両替すれば、１円から１・５円ぐらいは平気で手数料が発生する。

スプレッド
通貨を売る時と買う時の値段の差。この値が小さければ小さいほど利益を出しやすくなる。

スプレッドは気づかないうちに取られている場合もある。例えば海外でクレジットカードを使って、決済通貨を現地通貨と日本円で選ぶ時に日本円を選択すると、空港の両替所並みの悪いレートで換算されていたりする。僕から言わせれば、こちらの方がよほどタチが悪い。

ちなみに、コインチェックが「ノミ行為※」をしていたんじゃないかという批判もあったが、あれは本当に的外れだ。そもそも販売所でノミも何もないし、取引所の場合だったとしても、ＦＸや仮想通貨では、ノミ行為は違法とはいえないのだ。これは「店頭取引」というもので、国内のＦＸ業者はほとんどがやっている。それは業者が自らリスクを取っているということだし、あまりにもスプレッドが国際レートから乖離していれば、顧客から愛想をつかされるだけの話だ。

取引所運営のリスク

コインチェックの買収額は36億円だった。アーンアウト条項※というインセンティブ契約のようなものがあるとはいえ、同社の抜群の収益力からすれば、割安感を持

アーンアウト条項
企業の買収に対して支払う対価を、買収後の業績に連動させる契約。買手側は当初リスクの回避が可能で、売手側は業績を上げれば追加の代金を受け取ることができる。

ノミ行為
取引の委託を受けた者が、それをせずに自分が取引の当事者となって取引にあたる行為。商品先物取引では禁じられているが、金融取引においては合法。FXではDD方式と言われていて、ほとんどのFX会社が行っている。

った向きも多かったようだ。

しかし、僕はマネックスグループCEOの松本大さんは、リスクを取ったと思う。サラリーマンではない、エスタブリッシュメント企業でもない、ベンチャー気質を持つネット企業の創業者社長だからこそ、あの決断はできたことだろう。

FXの時と同じだ。結局リスクを取って参入し、風穴を開けるのは、GMO（GMOコイン）やDMM（DMMビットコイン）といったネット企業だった。

取引所の運営は確かにリスキーだ。どんなリスクが潜んでいるか、前例もない。顧客による損害賠償請求訴訟だってどうなるかわからないし、またNEMを盗まれるかもしれない。

僕も仮想通貨取引所のアドバイザーを務める身だが、取引所には確実にビットコインがあるとバレているわけで、運営のリスクは理解しているつもりだ。もし、僕が取引所のエンジニアをやれと言われたら、正直やりたくはない。かなりプレッシャーのかかる仕事だ。

セキュリティには思いもよらぬ穴がある。いくら外部からのハッキング対策に力を入れていても、侵入を狙う者に、自社の最寄り駅で、無料のUSBメモリを配る

マルウェア

malicious（悪意のある）software（ソフトウェア）を組み合わせたコンピュータウイルスやワームなどの総称。メール添付ファイルをクリックさせせる、偽のセキュリティソフトを配布するなどが典型的な感染経路だが、最近ではウェブサイトを見ただけで感染するものなどもあり、手口は巧妙化している。

ようなキャンペーンを装われたとしたら――。

社員の一人が、マルウェア※を仕込まれたUSBメモリを、うっかり会社のPCに挿してしまえば、それで終わりだ。

ヒューマンエラーは、どこまでもついて回る。ちなみにこれはある大手IT企業のセキュリティコンサルティング業務で実際にあった話だ。

金融庁の思惑

コインチェックの経営陣がマネックスグループの買収オファーに応じたのは、その部分にあったのではないかと考えている。

お世辞にも同社のセキュリティ対策が充分だったとは思えない。おそらく慣れないアルトコインに手を出して、社内技術者の確保ができなかったのだろう。

僕もかつてテック系の会社をやっていたから少しわかるが、NEMのコールドウォレット※管理やマルチシグ※化のような簡単な実装でも、サクサクやれるエンジニアを採用するのは、意外と大変だったりする。

マルチシグの場合でも、誰と誰がシグを持つのか。例えば3人でシグを行うとし

マルチシグ
マルチシグネイチャーの略。トランザクションの署名に複数の秘密鍵を必要とする技術。NEM自体にマルチシグの機能はあったが、コインチェックはその設定を怠っていたことが批判された。

コールドウォレット
インターネットから隔離した状態で管理されるウォレットのこと。ハードウェアウォレットやペーパーウォレットがこれにあたる。反対にネットに繋いだ状態のウォレットをホットウォレットと言う。

ても、１人が不慮の事故などで死亡してしまったらどうするのかなど、突き詰めて考え始めるとキリがない。

コインチェック社は金融庁から業務改善命令を受けた。

事件後、金融庁は仮想通貨交換業の登録事業者、みなし業者に対して、それこそ銀行並みのセキュリティを求めている。システム部分だけではなく、コールセンターなどの対応も含めてだ。

金融商品をこれまで触ったことのない人も顧客に多いから、問い合わせ対応はかなり煩雑となる。「パスワードを忘れた」といった初歩的な問い合わせに対しても、そこがセキュリティホールになりえるから、慎重な対応が求められる。

コインチェックの場合も、折からの人的リソース不足に加えて、あの大騒ぎになり、金融庁から「徹底しないと潰すぞ！」と脅された結果、経営陣の心が折れてしまったのだろうと想像している。

今回の事件を受けて、仮想通貨に対する日本の規制はどこに向かうのか。僕の見立てを書いておきたい。

２０１８年３月に金融庁は香港（当時）に本社を置く、世界最大の仮想通貨取引

POINT みなし業者

2018年4月1日以前に仮想通貨の事業を行っていた事業者は、仮想通貨取引業の登録申請のあと、審査期間中の間はそのまま営業が認められた。すなわち猶予期間のことである。これを「みなし業者」という。申請さえすればとりあえず営業が認められたため、社内体制やセキュリティは玉石混交状態だったと言われている。

所バイナンスに対して警告を行った。同取引所は日本の仮想通貨ホルダーには評価の高い取引所だったが、仮想通貨交換業者としての登録を済ませないまま、日本居住者向けに営業を続けることに、ノーを突きつけたということだ。

おそらく金融庁は、トークンやアルトコインひとつひとつに対して、証券取引法に準じた形で規制をかけたいということなのだろう。

ビットコインやビットコインキャッシュ、モナコインといったオーソライズされているものは別として、新規で「上場」する、取引所で扱って誰でも買えるようにするためには、**じっくりと上場審査のようなことをしたい**のだと思う。

そうすると、バイナンスのような海外の取引所は、自分たちが取り扱うコインの一部だけしか、日本居住者向けには提供できないということになり、日本国内で免許を取得するメリットは薄くなる。実際、事件後のコインチェックでは、匿名通貨「Dash」「Monero」「Zcash」の取り扱いを中止した。

金融庁からの業務改善命令自体はまったく珍しい話ではない。FXの初期の頃にはしょっちゅうあった話だ。

POINT　バイナンスの急拡大

中国出身のジャオ・チャンポン氏（CZの愛称で知られる）が創業した取引所で、2017年の7月創業と歴史は浅いが、世界最大の取引量を誇る。創業後わずか半年で営業利益が150百万ドルに達するなど、衝撃的な成長を見せている。上海で創業後、中国国内の締め付けを察知し香港に移動。その後、マルタに移転している。CZは以前、東京に住んでいたこともあり、六本木のミートアップの常連でもあった。

さらに言えば、仮想通貨の市場に限ったことでもない。ほんの十数年前には、名古屋証券取引所や札幌証券取引所が、東証マザーズにも上場できないような銘柄を次々と上場させて問題になり、取引所自体が業務改善命令を受けていたりもする。

デジタル法定通貨の可能性

現金信仰が終わらない

2018年3月20日に閉幕したG20で、各国の財務相・中央銀行総裁たちは、仮想通貨を「クリプトカレンシー（暗号通貨）」ではなく、「クリプトアセット（暗号資産）」と位置づけた。

ビットコインは価値の尺度・保存・交換の3要素を満たす「通貨」ではなく、貨幣を通じて価値が評価可能な「資産」だというのが、各国のコンセンサスになる。

❚POINT❚ 匿名通貨

送金元・送金先のアドレスまたは数量、もしくはその両方を秘匿する機能をもったコインを匿名通貨と呼ぶ。Monero、Dash、Zcashはその代表。それぞれ利用する技術が違い、Dashはコインミキシング、Moneroはリング署名、Zcashはゼロ知識証明を利用。個人のプライバシーの観点から秘匿機能は重要であり、マネーロンダリングなどの犯罪との折り合いをつけつつ、個人が健全に利用できるようになるのが望ましいといえる。

日本は２０１７年4月に、改正資金決済法で仮想通貨を〝代価の弁済のために使用できる財産的価値〟と規定し、決済手段として認定。仮想通貨の取引所・販売所には登録制を導入して関連法を整備しつつある。

前述のような金融庁の意向は透けて見えるが、主要国の中では、かなり寛大なスタンスを取っているといえるだろう。

ちなみに、お隣の韓国は日本よりもオープンだ。投機好きとされる国民性もあり、仮想通貨の売買に使われる通貨としては、ウォンは米ドルに次ぐ規模を持っていた。韓国の取引所では、世界のビットコイン平均価格よりも高い値段で売買が行われる「キムチ・プレミアム」なんていう言葉もあったほどだ。

仮想通貨やブロックチェーン関連のビジネスは、日本がフィンテックで世界に勝てる正真正銘のラストチャンスだ。テクノロジーと金融の融合において、日本は致命的に後れを取っている。

その最たる例が、いまだに現金での決済率が8割を占めているという異常な事実である。アメリカを旅行すれば、ほぼ現金を使わない。駅のキヨスクもクレジットカードだ。韓国は路地裏の飲食店だってキャッシュレスでサインもタブレットに行うのがほとんど。インドでは先日、高額紙幣を廃止したりしている。

日本でキャッシュレス化が遅れた理由は、飲食店の責任もあると思う。現金支払いのみの飲食店は、クレジット決済だと数%のカード会社への手数料が発生するのを理由として挙げるが、現金を扱う管理コストを考えてみた方がいい。売上とレジのお金が合わず、レジがなかなか締められないなんていうことは日常茶飯事だ。

かたくなに現金払いにこだわる理由なんて、僕には経営者の脱税目的ぐらいしか思いつかない。

国にとってはいいことだらけ

国にしてみれば、通貨のキャッシュレス化は願ってもない話だ。すべてのお金の流れを把握できるから、課税はもちろん、アングラマネーも追跡しやすくなる。

日本はせっかくマイナンバーという国民共通のＩＤを作ったのだから、それを活用した方がいい。

これこそブロックチェーンを導入するべきで、仮想通貨を繋げることができれ

POINT ファンジビリティ
代替性と訳す。ゴールドは単に重さだけで価値が決まり、他のゴールドと代替可能である。いわゆるお金には色がないという話である。しかしながら政府がお金の流れを完全に把握できる仕組みができると、お金に「色」がつくようになる。暗号通貨は追跡がある程度できてしまうため、どうやって代替性を確保するかが重要なテーマとなっており、技術開発が行われている。

ば、ソースコードを1行加えるだけで、景気対策や福祉のための給付金も付与できる。給付金にはマイナス金利をつければいいだろう。例えば1年で10％ずつ価値が減衰していくようなものができれば、消費の刺激になる。

これは決して未来の話ではない。僕は２０１７年に友人の朝青龍を訪ねてモンゴルを旅したのだが、**モンゴルでは国民のソーシャルセキュリティナンバーからウォレットの配布を計画している**のだという。

児童手当だって、年齢を判断して国庫から送金するだけだから、インフラコストはわずかだ。ベーシックインカム実現のハードルもひとつ越えられる。

G20の結論は、仮想通貨に一定の資産価値を認めながらも、通貨としては認めないというものだ。これは当然の結論といえるだろう。

通貨発行権と、それに伴う利益（シニョレッジ）は、長らく国家が国家を形作るための、大きな力のひとつだった。ビットコインの出現により揺らいでいるとはいえ、日本をはじめとした先進国が、進んでこれを手放すことはない。

そういった意味では、国家運営のデジタル通貨の導入は現実的な選択だ。

政情混乱により８０００％超というハイパーインフレに陥った中米・ベネズエラでは世界初の国家ＩＣＯが行われ、原油価格と連動するという触れ込みの仮想通貨ペトロ※も誕生した。

追い込まれた独裁政権による、ただの外貨稼ぎであることは明白なのだが、デフォルト直前の国では今後、ベネズエラに倣うところも出てきそうだ。

個人情報を一元化した上で

さて、この話をする上で、避けて通れないのが中国政府の動静だ。

２０１６年時点では、通貨の世界のビットコイン取引のほとんどは人民元建てだった。ビットコイン価格が高騰し始めたのも、自国通貨を信用しない中国人たちが、キャピタルフライトの手段として目をつけたことが、一番のきっかけだった。

現在の中国は、仮想通貨にもっとも厳しいスタンスを持つ国として知られている。２０１７年９月に中国政府はＩＣＯを禁止し、国内の仮想通貨取引所の全面停止を明らかにした。

ビットコインに対する規制を強める一方で、世界各国の中でも、**中国ほどブロッ**

ペトロ
2017年12月にベネズエラのニコラス・マデュロ大統領から発表された。価値の裏付けは同国の石油埋蔵量とされるが、その信頼性は国際的に疑問視される。米トランプ大統領はアメリカの投資家がペトロのICOに参加することを禁じる大統領令を出した。

クチェーン技術と相性の良い国はない。

ご存知の通り、中国は世界最大規模のインターネット大国でありながら、最大のネット規制国でもある。フェイスブックやツイッターといった世界的なネットサービスへのアクセスは徹底的に制限され、その代わりにアリババやWeibo※、WeChat※など、半官半民のような国産巨大ネットサービスを育て上げた。

さらに、世界でも最もキャッシュレス化が進んでいる国のひとつでもある。

２０１７年11月に僕は中国のシリコンバレーと呼ばれる深圳《シンセン》を訪れた。現地では現金どころかVISAカードも使えないところも多い。

決済のほとんどがWeChat Payやアリペイといった電子マネー決済になっていた。路上で物乞いをしている浮浪者がＱＲコードを出してきた時にはさすがに驚いた。旧来の金融システムが未整備だったことも手伝い、一気に社会にフィンテックが浸透していったのだ。

アリペイの付帯サービスとして定着している「芝麻《ジーマ》信用」もすごい。資産状況やクレジットスコア、交友関係や人脈に至るまで、個人の信用スコアをゲームのパラ

WeChat
中国語では「微信」。世界で12億人以上のユーザーを誇るメッセージアプリ。運営会社のテンセントはアリババと並び、中国IT業界を代表する存在。

Weibo
中国最大のSNSであり、中国語では「微博」＝マイクロブログ。twitterとfacebookの機能を併せ持ち、世界で6億人以上のユーザーを抱える。

メーターのように数値化して顕在化させ、無人コンビニでの万引き抑止（劇的に信用スコアが下がる）などに活用するなど、**個人情報の一元化管理**に成功している。

そして、共産党という**一党独裁の政権**だ。ビットコインを締め出し、個人情報を集中管理した上で、プライベートチェーンを用いた独自のデジタル通貨を発行することは、時間の問題のように思える。

アナザーウェブの世界

でも、僕は、そんな国家による集中管理にあっても、抜け道を探す者は出てくると思っている。

そのひとつは、ビットコインの隆盛とセットのように語られてきたダークウェブ、アナザーウェブのような存在だ。

法律とは不思議なものだ。国や為政者が徹底して規制を行っても、必ずどこかに抜け道、バグのようなものが生じる。

ビットコインやＦＸは、その運営者たちが法的に刺されるリスクがないかを精緻

POINT パブリックチェーンとプライベートチェーン ①

公開されており、誰もがアクセスできるブロックチェーンのことをパブリックチェーンという。ビットコインは当然パブリックである。ブロックチェーンの情報は誰もが参照することができ、誰もが取引に参加でき、誰かの許可は不要。イーサリアム、ライトコインほか、市場で取引されているコインは、当然ながらパブリックチェーンである。

に見極めながら、慎重かつ大胆に突破を試みてきた結果だといえる。

一方で、法律は結構いいかげんなものだったりもする。明らかに現行法では違法なのに「昔からやっているから」とお目こぼしを受けているようなものだ。例えば、ソープランドなんていうものは実質的には管理売春である。

パチンコもその典型だ。三店方式による換金は刑法の賭博罪に該当する。業界は勉強会などで警察や検察を接待しながら、あの手この手で生き延びてきた。

１９９０年ぐらいの話か、有名プロゴルファーのスポンサーをしていたある男は、三店方式でカジノを運営して賭博罪で逮捕された。法的にはパチンコと同じことをしていたはずだが、三店方式はなぜかパチンコだけに許されているのだ。

明らかに違法とわかっていることを、躊躇なくやってしまう者もいる。

違法薬物の販売所として、ある意味、ビットコインが最初に通貨として使われた「シルクロード２・０」を運営していたロス・ウルブリヒトや、最近だと「漫画村」の運営者もそうだ。

日本でも利用者の多い米国籍のとある有名ウェブサービスは、日本人の創業者が自分の通っていた大学のブロードバンドを使って無修正のアダルトビデオをアップ

▍POINT▍ パブリックチェーンとプライベートチェーン ②

パブリックに対して、企業内または企業間で利用することを前提としたブロックチェーンをプライベートチェーンと呼ぶ。金融機関を中心に、低コストで効率の良い台帳としてブロックチェーンの仕組みを応用する実験がされている。台帳へのアクセスや、承認権限などを自由に設定でき、金融機関にとって使い勝手がよい一方で、管理者を設ける必要がある。

ロードしていたことからビジネスが始まっていたりする。おそらく日本に帰ってきたら逮捕なのだが、彼らはみな変に腹が据わっている。

断言するが、これからもそういう者は続々と現れるし、アナザーウェブは絶対に終わらない。**これは善悪やモラルを超えた話だ。**

仮想通貨の取引所が全面禁止されれば、今度はＤＥＸ（分散型取引所）やアトミックスワップといった技術が生まれる。中央管理者が不在で、規制の及ばない国にサーバを置かれてしまえば、政府は対処しようがないのだ

実際に、バイナンス社が日本・香港・中国から警告を受けた後、会社の移転先として選んだのは、法人税が安く、外国人でも容易に会社が設立できる地中海のマルタだ。そして、同社の従業員は世界中に散らばっているという。元々は中国・上海を拠点にしていた同社だが、すでに組織自体が分散化しているのだ。

活動拠点はネットワークの世界。従業員は世界中に散らばり、報酬はすべて仮想通貨で支払われれば、各国の管理下にある銀行口座を持つ必要もない。

問題は中央サーバの置き場所ぐらいだが、これとて、どの国の主権も及ばない場所——例えば、宇宙空間に置くという選択だって、今後は出てくるだろう。

▍POINT▍ DEX（分散型取引所）の今後

イーサリアム系を中心に、多くのプロジェクトが立ち上がり、競争が激しく、技術の進展が見込まれる。中央集権取引所は高速だがハッキングリスクや登録の煩雑さなどがある。DEXは遅く手数料も高いが、登録などが不要で使えるため、アプリの裏側で自動的に必要なコインを交換したりと、ユーザーインターフェイスの中に組み込まれていく将来も考えられる。

テクノロジーは超越する

グレートファイアウォール

それでは中国政府にとって、最大の脅威とは何だろうか。

彼らの恐れが表れている象徴的存在が、国をすっぽりと覆うグレートファイアウォール※だろう。中国は国民のインターネット通信を徹底的に監視・規制している。例えば、天安門事件やチベット問題など、政府にとって都合の悪いことを検索することはできない。

中国共産党の歴史は、本来規制できない性格のものを、無理矢理規制してきた歴史でもある。

しかし、グレートファイアウォールも、衛星インターネットの出現でなきものになる。多数の低軌道人工衛星を衛星間通信により協調させる「衛星コンステレーション」という技術をもって、ブロードバンドを提供する事業を、現在スペースＸやワンウェブ社が企画しており、数年以内にはグローバルでのネットワークが構築さ

POINT 取引所を使わない仮想通貨トレード

取引所などの仲介機関を経ず、直接相手とコインの交換取引を行うことができるプロトコルをアトミックスワップと呼ぶ。例えばBTCとLTCを交換するなどの取引を行うことができる。普通であれば、どちらかが先にコインを送り、もう一方を送り返してもらうといった方法が必要だが、それだと相手に持ち逃げされてしまう。アトミックスワップでは暗号の仕掛けにより、相手の持ち逃げを不可能にしつつ相対で交換が可能となる。

れる。

通信衛星や放送衛星は上空3万6000㎞の静止軌道上にある。だから今はまだ中国や北朝鮮の人が衛星ネットワークを使うには、パラボラアンテナなどの設備が必要だ。イリジウム衛星携帯電話※なんていうものもあるが、ナローバンドだし、通信の遅延も出てしまう。

低軌道衛星が位置するのは上空数百㎞ぐらいだ。この距離であれば、衛星の出力が低くても、ほとんど遅延は出ない。グレートファイアウォール※が上空からの侵入をブロックできるかというと、これはかなり難しいだろう。

東ドイツと衛星放送

ベルリンの壁が崩壊したのは1989年のことだ。

第二次大戦終結後、44年間に及んだ東西冷戦を終わらせたのは、通信衛星のスピルオーバー※が大きな理由となった。80年代後半、通信衛星が次々に打ち上げられ、ヨーロッパ全土に衛星放送が届くようになった。

イリジウム衛星携帯電話
地上780㎞に配置された66機の周回衛星で極地を含めた全世界をカバーする通信サービス。端末同士の通話ならば地上設備を経由せずダイレクトに接続する。基地局がなく、一般の携帯電話が使えないエリアでも通信可能。

グレートファイアウォール
中国政府に都合の悪い情報を遮断するネット検閲システム。別名を「金盾」。この存在により、中国国内では一般の接続手段でtwitterやLINEやYouTubeにアクセスすることができない。

西ドイツの放送は東ドイツにも漏れるようになる。東側諸国の国民が小型のパラボラを買って衛星放送を見れば、自国政府が言っていたことが、いかにデタラメだったかを知ってしまう。

かつては情報の統制が国を形作っていた。北朝鮮が国民をマインドコントロールできているのは、インターネットや放送の規制があるからだ。国を統治するための共同幻想を作り上げるためには、情報の遮断が一番てっとり早い。

だが、メディアのパワーは強力だ。作り上げられた共同幻想と、まったく違う本当の世界の姿を見せてしまう。**衛星ネットワークは、グレートファイアウォールを破壊するのではなく、遥か上空から越えていく**のだ。

東ドイツは人工衛星を規制できなかった。

そして、どの時代にも法の目をかいくぐって世の中を変えてやろうという勢力や、そもそも法を意識しないアウトローが現れる。

規制はその性質上、先回りができない。何か統治側にとって都合の悪い問題が起き、世論が盛り上がり始めた時に、初めて対応に動き始める。それでは遅い。すでに一定の規模でグローバルに浸透していったイノベーションを一国の都合で潰すこ

スピルオーバー
衛星を使った放送電波が、本来目的とされている範囲以外の国にも届いてしまうこと。これにより、本来は見ることのできない地域でテレビ番組が視聴可能になったりする。

とは、絶対にできない。

マクロの動きとして、僕らは技術革新に抗えないということを理解しているはずだ。便利な携帯電話ができれば、最初は「こんなもの！」と、抵抗があっても、いずれみんな使い始める。

テクノロジーは常に優越するのだ。テクノロジーの持つ力をもってすれば、国家の通貨発行権ぐらいは、当然将来的にはなきものになるだろう。

誤解しないでほしいが、こうしたことはある日、突然すべてが一変するものではないということだ。徐々に、静かに変わっていく。

何度でも繰り返そう。規制は決して技術に対抗できない。守る側の方が、遅い。だから、僕は新しい方に張るのだ。

規制とイノベーションのいたちごっこ

江戸時代の光通信

技術革新と規制のいたちごっこは、日本のお金の歴史の中にも数え切れないほど登場する。

古くは日本最古の通貨である和同開珎《わどうかいほう》だ。当時の和同開珎は鋳造技術が低く、偽物が非常に多かったという。むしろ、大和朝廷が発行した本物よりも、偽物の方が精巧にできていた。

こうした偽ガネを大和朝廷が見つけた時の対応が秀逸だ。偽ガネを作った者を殺すのではなく、「上手いからいっそ作りなさい」と、奴隷のような身分ではあったもののの、貨幣鋳造技術士のような形で政府側に取り込んでいったのだという。

江戸時代の大坂（大阪）・堂島には米と通貨の取引を扱う世界初の公設の先物取引所・堂島米会所があった。

大坂から離れた各藩の者にとって、堂島の米相場は一刻も早く知りたい情報だ。自分の住む藩の相場と値段が違えば、売りや買いを入れてサヤを抜くことができる。仮想通貨的に言えば、アービトラージが取れる。

情報をいち早く入手する手段として、まず考えられたのが狼煙《のろし》だった。だが、狼煙だと雨の日には使えない。すぐに巨大な旗を振って行う手旗信号になった。全国**各地には「旗振山」という名前の山が存在するが、あれは、その名残なのだ。**

旗振山から旗振山へと目視で情報を繋いでいけば、今の大阪から和歌山までは、ほんの5分ほどで情報伝達が可能だったという。これはもう江戸時代の光通信だ。

徳川幕府の公式の伝達手段は、文書を人力で運ぶ飛脚だった。米の価格を知らせる専用の飛脚ネットワークがあったという。当時の飛脚の最速スピードは、江戸〜京都間を3日で結んだが（これは結構速いと思う）、残念ながら光通信とは、とても比べものにならない。

幕府がなぜ光通信を公式化しなかったのかは不思議なのだが、旗振山は規制の対象になり、幕府の軍の監視対象下になってしまう。

POINT アービトラージ

仮想通貨の取引は、それぞれの業者ごとに別々の市場となっており、株式のようにどの証券会社からでも東証に繋がれるといったような中央市場がない。そのため、業者ごとに、コインの価格が微妙に違うことがある。この差に注目し、安い業者で買うと同時に、高い業者で売ると差額が儲かる。この取引をアービトラージ（裁定取引）という。

旗振りができなくなった相場業者が次に考えた伝達方法は伝書鳩だ。すると幕府は伝書場を規制しようとして、鳩を襲うハヤブサを放つ。それならば、業者側は急降下爆撃のようなハヤブサの襲撃に対して、羽をキュッとすぼめてかわすようなエリート鳩を選別して育成する――。

こんなことが続いた結果、旗振山は明治時代になって解禁されることになる。その直後に電信技術が日本にも到来した。

旗本たちと借金

八代将軍・徳川吉宗の時代の江戸は、貨幣経済へと急速に移行していく過渡期でもあった。その理由は諸説あるのだが、グローバル取引が生まれたことが根底にあるとされる。

欧州から大航海時代が始まり、航海技術が発展したのが、日本の戦国時代から江戸時代にかけてだった。

米は、米を主食とする東アジアで通貨としての機能を持っていた。中国と日本の貿易には使えるかもしれないが、米食文化のない欧州での価値はないし、長距離輸送で劣化もするから国際貿易にはまったく向かないものだ。
世界的な貿易の拡大の影響は、それまで米取引が主流だった日本国内にも及び、貨幣経済や証文のやり取りによる信用経済が拡がっていった。

こうなると、割を食うのが給料を米ベース（何万石といった単位）でもらっている旗本たちである。米の価格はその年が豊作であれば下がるし、凶作ならば上がる。米価格が乱高下し、豊作の時に金が回らなくなると、旗本は高利貸しから借金をせざるを得なくなる。

だが、武士は金貸し側からしても、必ずしも歓迎の客ではなかった。金を貸すのはいいが、借金を踏み倒そうとする武士たちが大勢いたのだ。なんせ彼らは刀を持つことが許されている。当時は身分制度もあるし、現代のヤクザへの取り立てよりも怖かったことだろう。

ならば毒をもって毒を制す。金貸しは一計を案じ、返済できなくなった武士には、借金を帳消しにする代わりに別の武士への取り立てを依頼する。だが、ない袖を振ることもできず、結果、武士同士で斬り合いのようなトラブルが急増した。

先物市場への大岡裁き

トラブルで裁判件数が急増したことを憂慮したのが、〝大岡裁き〟で知られる大岡越前守忠相※だった。治安維持の観点からも、米価を安定させないといけない。さて、そのためにはどうするべきか。

彼が慧眼の持ち主だったといえるのは、**価格の安定のためには市場の流動性が何よりも重要だという、マーケットの仕組みをよくわかっていた点だ。**

ビットコインやＦＸのように、当時も米の先物取引に熱中している人たちがいた。当時は「日計り取引」という、要は今のデイトレードなのだが、これが定着していた。場は毎日立っていて、証拠金に対するレバレッジも１００倍というかなりの高さだった。１日で大金持ちになる者もいれば、全財産を失う者もいた。

風紀上よろしくないという理由で、幕府は米の先物取引を「けしからん！」と問題視したのだが、ここに異論を唱えたのが大岡越前守だ。米の日計り取引によって、市場の流動性が生まれ、それが米価の安定に繋がる。つまり、米相場に張り付くデイトレーダーは、役立つ存在だと主張したのだ。

大岡越前忠相
1677-1752 江戸時代の大名。八代将軍・吉宗の行った享保の改革を町奉行として支えた。飢餓対策としてサツマイモの栽培を助成したことでも知られ、時代劇で名奉行として描かれることが多い。

国家や為政者の強大な権力をおかす通貨偽造は、死刑に相当するような重罪だった。だが、慧眼を持つ為政者は、新しい技術の出現を、排除するのではなく、取り込もうとする。

偽造和同開珎も米相場も、周りの空気に流されず、その本質と有用性を見抜いた人間が、たまたま規制当局側にいた。経済の発展の陰には、こうした歴史がある。

世界に先駆けた金融工学

かつての日本は世界に先駆けたフィンテック大国だったといえる。

江戸時代の日本経済は、金（小判＝両）と銀（匁《もんめ》）、銅（銭《せん》＝文《もん》）という3つの貨幣と、そして米から成り立っていた。それぞれの相場は変動し、金の産出量が増えれば銀とのレートが悪くなるといった変動相場制だ。

東日本では佐渡金山などがあったため、金がメインで流通しており、逆に石見銀山など、銀の産出地を多く持つ西日本では銀での取引が多かった。米は東西を結ぶ基軸通貨のように働いていた。

ちなみに貨幣の鋳造技術も非常に高く、有名な寛永通宝は中国やアジア諸国にも輸出され、決済手段として使われていたという。

それぞれの貨幣が果たした役割の違いも面白い。江戸のお金というと、小判の印象が強いが、決済で使われることはほとんどなかった。一部の大名や上級武士などによる大口取引で用いられたぐらいだ。

深夜の詰所で、商人が悪代官に菓子折りの箱を渡すと、箱の底には小判が敷き詰められ、悪代官が「越後屋、お主もワルよのう」と笑みを浮かべるような典型的な時代劇のワンシーンはみんな見たことがあると思うが、実際に小判や大判は、菓子折りのようなものだった。つまり、贈答品の性格が強かったのだ。

日常の大方の取引は掛け売りだ。帳簿上の付け合わせで、ほとんどすべてが済んでいたのだという。

商人は年末になると、売掛金の回収に回っていた。これはある意味、日々の与信が個人の顔認証でスムーズに行われていたともいえる。

当時の政治や文化の中心地は江戸だが、経済の中心地は天下の台所・大坂だ。大坂に存在した米市場で、大名は米を銀や金に換える。この両替商が銀行の前身だ。
前述した通り、堂島米会所は世界最古の先物市場だ。現在、世界最大の先物市場はシカゴ・マーカンタイル取引所で、1898年に設立された。これはアメリカでは一番古いものだが、その誕生より100年以上前に日本に存在していたのだ。その後の規制さえなければ、日本の金融工学は世界に先駆けて発展を遂げていただろう。

小判や貨幣の発行権は幕府が持っていたが、それとは別に各藩にはそれぞれの藩が発行する「藩札」というものもあった。これは文字通り、金や銀ではない紙幣だから、その価値の担保は各藩の信用のみということになる。今でいえば地域通貨ということになるだろう。

多様な通貨と信用経済、地域通貨に投機市場――。
こう書き出していくと、現金と銀行預金信仰にいまだに縛られている現代よりも、よほど柔軟に経済が回っていたように思える。そもそも**「宵越しの金は持たない」**という、金銭に執着しない生き方が粋だという価値観もあった。

❚POINT❚ ビットコイン先物取引
ある一定の期日におけるビットコインの価格を売買するものを先物という。世界最大の先物市場であるシカゴ・マーカンタイル取引所は、2017年12月にビットコイン先物の取引を開始した。現在は主に機関投資家による売買がされている。

「預金は美徳」のプロパガンダ

だが、こうした日本人のお金に対する感覚を一変させる出来事が起きる。それが太平洋戦争だ。

日中戦争と太平洋戦争にかかった軍事費は当時の金額で約1900億円、今の価値に直すと4000兆円という天文学的な額にのぼる。

戦費調達のため、日銀は国債を無尽蔵に発行することになる。

ここで大々的なキャンペーンが行われたのが、国民への預貯金の奨励だ。1938年には「国民貯蓄奨励局」が設置され、自治体や職場ごとに、貯蓄を強制されるようになった。

「勝つために国民貯蓄」
「貯蓄戦でも米英打倒」
「貯へて國《くに》の力になるという　ありがたき貯金　ただ励むべし」

こんな号令で貯金を啓発するポスターが街の至るところに貼られ、「貯金をしない者は非国民」という空気が蔓延する。

こうして集められたお金は、戦費のための国債の引き受けに回される。

敗戦により、そんな戦時国債は紙切れとなるわけだが、「お金は金融機関に預けるもの」という「常識」だけは、日本人に刻みつけられたのだ。

第5章

トークンエコノミーの中で

シェアリング2・0時代

巨大化したシェアビジネス

一般的には2008年からスタートした「Airbnb」が、シェアリングエコノミーの嚆矢《こうし》とされている。

シェアリングエコノミーとは、個人が保有する遊休資産（スキルなど無形のものも含む）の貸し出しを仲介するサービスだ。貸主は遊休資産の活用によって収入を得られ、借主は自分で不動産などを所有することなく、誰かの遊休資産を利用できる。

遊んでいる資産を不特定多数の人たちが分け合って使い、資産主と利用者の双方に利益があるシステムだ。シェアリングエコノミー＝共有経済と言われる所以《ゆえん》だ。

貸し借りが成立するには、信頼関係の担保が必要だ。

そのためにソーシャルメディアなどを使った、情報交換に基づくさまざまなコミュニティを活用する。つまり**社会が常に繋がりながら、かつ分散している状態がで**

きて、初めて機能し得る。

シェアリングエコノミーは、シリコンバレーを起点として、グローバルに成長してきた。大手コンサルティング会社の調査によると、Airbnbをはじめ「Uber」「Lyft※」「DogVacay※」など、2013年に約150億ドルだった市場規模は、2025年には、約3350億ドルに成長すると見込まれている。

シェアリングエコノミーは、分散している状態でネットワーク化した社会でのビジネスの成功例の典型だ。

運営者に求められるのは、主体としてサービスや商品を提供していくのではなく、裏方のような立場で個人をサポートしていくことだ。面倒くさい支払いや、中立性を求められるレビューのような最低限の機能のみを、代理人として提供する立ち位置となっている。

近代の代理人型社会と、これからのネットワーク型社会の良いところを混成させた、ハイブリッド型の社会モデルといえるだろう。

Lyft
Uber最大のライバルとなるライドシェアサービス。Uberと比べてピーク時の料金が安いといったこともあり、現在Uberを猛追している。

DogVacay
人呼んで「愛犬のためのAirbnb」。旅行などで犬を預けたい側と預かる側をマッチングして、ペットホテルの代替となるサービスを提供。

国から独立した経済圏

そんなシェアリングエコノミーをさらに発展させたのが、トークンエコノミーである。

サービスを提供したい側が、貨幣の代わりにトークンを発行し、それをユーザーが購入することによってトークンに価値が生まれる＝上がる。この価値のついたトークンを通貨に見立て、取引を行うことで、トークンエコノミーが成り立つ。

例えばA社が「ブレスコイン」というトークンを発行するとしよう。A社のビジネスに興味のある人が、ブレスコインを買う。するとブレスコインに需要が生まれ、価格が上昇する。こうしてA社と、A社に興味がある人々との間、もしくはA社に興味ある人々の間だけで、ブレスコインによるやり取り（物やサービスの売り買い）が生じる。この経済圏が、トークンエコノミーとなる。

ちなみにブレスコイン——トークンは仮想通貨でも、デジタルなトレーディングカードでも、何でもOKだ。仮想通貨界隈の人々には、トークン＝仮想通貨となるだろうが、まあ要は経済圏の呼び方なので、正確な定義づけの必要はない。

トークンエコノミーと、既存のビジネスモデルの大きな違いは、経済圏がネットワーク内で完結していることだ。

これまでのビジネスモデルでは、国家が円やドルなどの法定通貨を発行して、企業や個人はその通貨でプレイヤーとして、ビジネスや生活を行ってきた。この枠組みの中では通貨発行者と、生産者と消費者は厳密に区別されている。

一方、トークンエコノミーでは、国家ではなく特定のネットワーク内で流通する独自の通貨を、生産者が発行する。そこで発行されたトークンを基に、国から独立した経済圏を作り出せる。

経済圏内の通貨となるトークンを、独自のルールで流通させる。そのルールは企業や個人や組織が自発的に考えて、自由に設計できる。国家が担当してきた経済運営の縮小版を、トークンを用いて手軽にできるのが、トークンエコノミーの大まかな構造だ。

手離れの良いお金が経済を回す

日本発のビジネスで、今、最もシェアリングエコノミーやトークンエコノミーに近いところにあるのが、第4章でも言及したメルカリだろう。

メルカリが爆発的に流行った背景には、「インスタ映え」の影響が大きい。これまでは友達におしゃれのアピールをする時は、直接会っておしゃれな洋服を見せて、自己承認欲求を満たしていた。ただ、その方法は1回に会える人数も限られている。インスタに写真を上げれば、もっと手軽に効率良く、承認欲求が満たされる。

だから、お金がある人はZOZOTOWNで洋服を買って、インスタに写真を上げたあと、メルカリに流すという行動に出る。お金がない人は、メルカリに流れた服を買って、やっぱりインスタに上げて、再びメルカリに流す。

これは、結果的にシェア経済ということだ。**投資と消費の差がなくなり、凄まじい勢いでリセールマーケットが拡大していく。**

そして、メルカリは個人が「不要品」を売ることで、「ポイント」を得ることができる。手に入れたポイントは、日本円にも交換できるが、そのままでもメルカリ内に売られている、膨大なモノと交換できる。

ここがとても重要で、**このポイントとは、元々要らないものを売ってできた「あぶく銭」なのだ。**自分にとってこれまで価値がないと思っていたモノに価値がついた。これがキャッシュに変換して使えるということは、ユーザーにとって「手離れが良いお金」を生み出したということになる。

現在、英語圏のオンライン決済インフラを握るのはペイパルだが、なぜペイパルが伸びたかといえば、世界最大のオークションサイトであるeBay※に２００２年に買収をされたからだ。なぜ、日本でペイパルが流行らなかったかといえば、eBayが流行らなかったからだ。

eBayは日本市場でヤフーオークションに完敗した。だから、本来ならばペイパル的なモバイル決済サービスは、ヤフージャパンがやるべきだっただろう。

今ならば、メルカリだ。一番上手くいく可能性がある。膨大なユーザーを抱えた、日本円以外の経済圏が、すでにそこに回っているのだ。

eBay
世界中で1.6億人のユーザーを抱える世界最大のネットオークション。02年に日本市場からは撤退したが、2018年に入ってシンガポールのジオシス社が日本で展開する通販サイト「Qoo10」を買収し、再参入を行う。

カジュアルな通貨発行

トークンは一般市場に流通させることも可能なので、今まで価値のつきにくかった曖昧なアイディアやプランも、トークンにして価値をつけることもできる。

評価経済社会の基盤の考え方を応用した、パーソナルな経済圏の構築実験。それがトークンエコノミーだ。

詳しくは佐藤航陽さんの『お金2・0』に書かれている。一般の人にはハードルの高い論旨が、非常にわかりやすく的確にまとめられている。お薦めの本だ。

以前、NewsPicksでライフネット生命の創業発起人であり、投資家として知られる谷家衛さんと対談した。

対談自体は2016年と少し前のことだが、その時に僕は「間もなくトークンエコノミーの年になる」と、すでに予言していた。

トークンエコノミーでは、カジュアルに「通貨」が発行できる。

先にも述べたように通貨というか、株券、トレーディングカードに近いものだ。

誰だって発行できる。Counterpartyなどを使えば、コーディングの技術がなくても比較的簡単に、トークンを出せるのだ。

僕は対談の年に「HORIEMONCARD」というトークンを発行してみた。上限1000枚で当時の価格は1枚3000円ほど。1HORIEMONCARDが、買いオファー6400円程度で、売りオファーが1万8000円だった。僕のネームバリューもあると思うが、個人発行のトークンではかなりの高値をつけたと思う。

トークンを出すなんて専門家じゃないから無理……と思っている人は多いだろう。全然そんなことないのだ。**本書を読み通すぐらいのリテラシーがあれば充分。**ゲームのトレーディングカードが、ヤフーオークションで流通しているのと、仕組みは基本的には変わらない。

頭に描いた夢の通りに、使い道や運用法を創出できる経済圏は、もうテクノロジーの力で実現できる。

そのダイナミズムは、ぜひ実感してもらいたい。

クラウドファンディングの可能性

大半は「購入型」

すでに起業の世界では広く知られている資金調達法だが、クラウドファンディングの仕組みについて、あらためて説明しよう。

クラウドファンディングには寄付型、投資型、購入型の3つの種類がある。国内ではリターン報酬を保証した購入型が、最も活用されているようだ。投資型・寄付型の利用率は現在のところ全体の数%程度しかなく、圧倒的に購入型が高い。

3つのタイプのクラウドファンディングにおける内容の違いは、次の通りだ。

【寄付型クラウドファンディング】

リターン報酬は基本的には一切なく、プロジェクト成立に向けた単純な資金提供のシステムだ。近年では東日本大震災をはじめとする復興支援など、大きな天災の寄付金を募る際に用いられている。発展途上国の支援プロジェクトにも、ネットを介した寄付が行われている。

お金を寄付するといった、シンプルな仕組みが特徴的だ。「寄付したお金が、プロジェクトのために貢献されている」「人助けになっている」と、出資側の心が満たされる安心感が、一番のメリットといえる。

出資者は、ネットなどで公募がかけられている寄付型クラウドファンディングに対し、貢献したいと思えるプロジェクトを選択し、自分が出資したいと思った額を寄付する。考え方としては「善意」の奉仕に近いので、出資法など法規制に従う必要はない。出資における法的プロセスは、特に踏まなくていいのが特徴だ。

【投資型クラウドファンディング】

出資者が資金を提供してプロジェクト成立後、収益の一部が出資者側に分配されるという仕組みだ。

リターンは物品やサービスではなく、金利報酬という形で渡される。3つのクラウドファンディングの中で唯一、法的規制に準じる必要がある。他の2つに比べて実行するまでの過程は、少しハードルが高いタイプだ。

プロジェクトを行う起案者は、まず金融商品取引法上の「第二種金融商品取引業※」

第二種金融商品取引業
金融商品取引業のうち、ファンドの自己募集、募集の取扱などを業として行うこと。法人の場合は最低資本金として1000万円が規定され、個人の場合も営業保証金として1000万円を法務局などへ供託する必要がある。

の登録が必須となる。資本要件や社内体制整備要件などを満たす規則もあるため、専門的な知識が一定以上は必要。一般のサラリーマンとか学生が、すぐ登録できるものではない。

一方、出資者の方も運営業者を介して、匿名組合契約※を締結する取り決めがある。起案者と出資者双方ともに、一定の法的手続きをクリアしないといけないのだ。カジュアルに始められる方式ではない。

しかし発案側と出資側が、法的手続きを淡々と踏んでいけるリテラシーを持っていれば、最も安定的なクラウドファンディングだとも言える。

【購入型クラウドファンディング】

出資金額によって内容が異なる、何らかのリターン報酬を保証されているのが、最大の特徴だ。クラウドファンディングサービス「Readyfor」「CAMPFIRE」などが、この購入型に当たる。

起業家が、新しいテクノロジーを搭載したガジェットの開発資金を集めたり、あるいはアーティストが自分の作品を世に出すため、制作資金を募る形で活用される。リターン報酬は、完成したガジェットを先行してもらえたり、あるいは発案側

匿名組合契約
商法が規定する出資形態のひとつで、出資者が組合員となって、事業者に資金を提供。その営業から利益の分配を受け取る契約。出資者は名前が表に出ないことが特徴。

の著名人のクローズドイベントに招待されるなど、お金を払えば買えるわけではない、プレミアムな「体験」の場合が多い。

リターン報酬もいいけれど、発案側と出資側がプロジェクトの枠組みの中で「全員参加」している連帯感が、一番のご褒美といえるかもしれない。

しかし、プロジェクト自体が失敗して、事業の成立がなくなってしまう例もままある。開発資金を試作段階で使い果たし、発案者が雲隠れ……という残念な話も聞いたりする。出資者にとっては発案側の信用にかけるしかない、ある意味ハイリスクハイリターンの方式だ。

「予約販売」という扱いになるので、寄付型と同様、出資法の制限を受けない。ネットなどでプロジェクトに行き当たった一般人が、「面白そう！」とその場で出資できる、敷居の低さは魅力的だ。

３パターンのさまざまなクラウドファンディングを利用したプロジェクトが、世界各地で実現している。普通なら大金を集められそうにない、でも志と実現ビジョンは明確に持っている者が、夢を叶え、仲間を増やしたりしている例をたびたび見る。ＩＴにおける技術革新は、素晴らしいと思う。

財界や古い世代のサラリーマンは、クラウドファンディングを、いまだ否定的に捉えている人が少なくない。投資ビジネスの中では、たしかにリスクゼロの制度だとは言いきれない。だけど、銀行借り入れをはじめ、昔からの資金調達法も、リスクゼロかというと、そんなことはない。

技術革新で生まれた投資システムなら、なおさらだ。

そういった構造から育っていく新しいビジネスの潮流は、**持たざる者や貧しい者たちに、本当の希望をもたらす**だろう。

仮想通貨も、8年ほど前に先進性に気づいた人たちが参入して、今は国家予算クラスの巨大な経済圏を回しているのだ。規制に潰されないで本当によかった。それに前にも述べているように、発生した以上は、もう規制のしようがないので、仮想通貨市場はこのまま成長していくだろう。

C2C取引と税金

少し話は飛ぶが、今の仮想通貨に対する税制も過渡期のものといえるだろう。仮想通貨の対日本円での売買益は「雑所得」の扱いだ。他所得との損益通算はできず、翌年への損失の繰り越しもできない。ＦＸのように申告分離課税※になるまでには時間がかかるだろう。特に仮想通貨同士のトレードにおける税制は複雑だ。

ＦＸの黎明期は、損失の繰り越しができないことで、利益を出した翌年の税金が払えない人が多発した。

仮想通貨を、最終的に「円転」させて、儲けるための投機目的で触るなら、税金に対する知識は絶対に必要だ。間違っても無申告で済ませようとは思わないこと。


トークンも、クラウドファンディングも、政府は課税する方向で規制を思案していると思われる。しかし、どうなんだろう。

これらの商取引は、基本的にＣ２Ｃで完結している。これまでとまったく同じ文脈で課税を図るというのは、かなりの無理筋ではないか。

現行の法律では、譲渡益がない限り物々交換には税法は適用されない。もちろん消費税もかからない。

スマート物々交換で人が幸せに生活していける世界は、実現しかけている。

家賃をもらわない代わりに畑仕事を手伝うとか、チケット代を払う代わりにゴミ掃除してライブを見られるとか、「思い」や「行動」で経済活動が回っている環境

申告分離課税
特定の理由で生じた所得を、他の所得金額と合計せず分離して計算し、納税する制度。株式の売買益や先物、FX取引に関わる所得はこれが適用される。損失を3年間繰り越して各年分の雑所得などの金額から控除することも可能。

は、いくつも整ってきている。

クラウドファンディングは、そういった経済循環を多様にしていくサービスだ。僕の考えでは、世の中の人たちは、まだまだポテンシャルに気づいていない。基本的には資金がない人の代用案程度に留まっている。本気でインフラ構造から、自分たちで作っていくチャレンジをしている人はいないと思う。

クラウドファンディングで作るLCC

例えばクラウドファンディングで、LCCを作ってしまってもいいのだ。

日本の航空運賃は高すぎだ。同じことを思っている旅好きの人は多いはず。クラウドファンディングで1000億円ぐらい集めれば、自分たちで安価に使えるLCCのエアラインは実現できる。

1人10万円として100万人。その出資者たちに超格安優待航空チケットをつけるなど、魅力的な報酬を工夫すれば、無理な話ではない。

具体的には、新LCCのお得乗機チケットを商品券に見立て、100万人に予約販売をかける。システムを作るのは難しくはない。予約販売で集まった資金は、預かり金なので課税はされず、利益が出た分は優待チケットに回せばいい。

利益が出なければ、課税されることもない。つまり誰も税金を徴収されない、税金を払うこともない、**無税で運営する航空会社が、クラウドファンディングの仕組みで作れるのだ。**

実際には手続きの途中で、都度、法と照らし合わせないといけないだろう。だが、理論的には実現可能だということを、強く言いたい。

テクノロジーの進化により、Ｃ２Ｃで人々が充分暮らせるようになってきた。これからは徴税というものが、根本的に難しい時代が到来すると予測している。

ここで、大きなエスタブリッシュメントの組織が既得権を守らんとして、無理筋な法整備や規制に乗り出してしまうのは問題だ。結局それが成長の歯止めや、本当に助けを求めている人たちを切り捨てるなど、社会問題を生じさせている。

徴税できないのは、国家には大きなリスクだろうけど、そういったリスクを取らずして、本質的な成熟はないと考えている。

評価経済社会の指針

社会評価を可視化する

先にも出てきた『お金2・0』には、興味深い記述がたくさんある。

「既存の資本主義に多くの人が感じていたことは、『お金にはならないけど価値のあるものって、存在するよね？』という点だと思います」

「今起きていることは、お金が価値を媒介する唯一の手段であったという『独占』が終わりつつあるということです。価値を保存・交換・測定する手段は私たちがいつも使っているお金である必要はなくなっています」

大まかな部分では、僕も同意だ。

この言葉にある概念を下敷きにして、個人が利用できるサービスとしてリリースされたのが「ＶＡＬＵ」だ。「だれでも、かんたんに、あなたの価値をトレード」をキャッチフレーズに誕生したウェブサービスだ。

クラウドファンディングのように特定の用途ではなく、発案者の活動を応援したい時、その人が発行するＶＡというバーチャルトレーディングカードのようなアイテムを購入して支援できる。ＶＡは他人に売ったり、売買が可能だ。

簡単に言うと個人の信用・評価を、株式のように「価値取引」できる。個人価値を市場が決めるという点が非常に面白い。ＳＮＳの「いいね！」全盛の時代に出るべくして出たサービスだろう。

２０１７年5月にリリースされ、ＩＴリテラシーの高い人たちを中心に、瞬く間に話題となった。有名人だけが得をするマネーゲームだと揶揄する声もあったようだが、このサービスの持つ能力を、まったく理解していない。

組織に属さず、社会評価を可視化できて、自分のやりたいことの選択肢や動線を増やせる。自己価値を高める努力をした分だけ、見返りと成功のチャンスが得られる、かなり公平なサービスだと思う。よくわからない力学や恣意が働く、出世査定やオーディションとは、まったく違うものだ。

僕自身、ビットコインはCounterpartyと、ＶＡＬＵで調達している。ＶＡＬＵで調達したビットコインをそのままにして置いておいたら、それなりの金額になってしまった。あの動きは、すごいなぁと思った。

Counterpartyは少し使いにくかったというか、仮想通貨マニアのものという印象があったけれど、改良して、とっつきやすすく使えるようになったのがＶＡＬＵだと考えている。リリースされて以降、クリエイターやインフルエンサーの人たちが自分たちでどんどん使い方を発明している。

有名人でなくても、ＶＡＬＵでの価値を高めることはできる。ＶＡＬＵ時価総額の高い人たちのビジネススタイルや行動を真似すれば、一定の上昇は見込めるだろう。そういう意味では設計がシンプルなので、ＩＴ初心者でも活用できる。

ＶＡＬＵの購入画面は、ネット証券等で株の売買を経験したことがある人なら、なじみやすいものだ。売り注文と買い注文が左右に並んでいる。その配列を見れば、株の売買そのものだ。ＶＡＬＵを使いこなしていれば、投資の大まかな仕組みも自然に理解できる。若い世代の株式入門としても、有用性はあるだろう。

トレーディングカードの世界

もう少し説明を続けよう。

ＶＡＬＵの世界では、個人が「上場」して、個人の株となるＶＡＬＵを発行する。応援したい人は、それを購入するのだが、大量に保有したところで、発行した本人に指示を出したり、人生を思い通りにはできない。基本的には企業と株主との関係を踏襲している（実情は違うとしても）。

しかしＶＡＬＵで調達した資金で事業を行い、成功しても、ＶＡＬＵ購入者に利益を配当することは、規約で禁じられている。逆に言うと、純粋に応援する気持ちや信用・評価だけで出資できるので、発行側と購入側、双方のクリアな関係が保たれるといえる。

株のようで株ではない、株の仕組みを模したウェブサービス。これがＶＡＬＵだ。

一般的な喩えには、たびたびトレーディングカードが挙げられる。

メジャーリーグカードでも「マジック：ザ・ギャザリング」でも何でもいいのだけれど、興味のない人にはただのビジュアルカード。しかし、そこに価値を認めている蒐集家たちにはお宝で、高額な値付けがされ、売買市場ができている。ＶＡＬＵの価値体系は、トレーディングカードの世界に近いといえる。

株の場合は、株式を発行する企業が提供するサービスの利用券などの株主優待がある。ＶＡＬＵの場合は、購入者の相談に乗る、限定セミナーを行う、歌を提供する、似顔絵を描くなど、発行者の作るコミュニティの中ではありがたい価値が、優待として提供されている。

権利が譲渡可能という以外は、ＩＴテクノロジーを組み込んだ、ファンクラブという側面もあるだろう。ファンクラブでも充分。個人が資金調達して、目標を叶えるサービスとしては、使い勝手は悪くない。

ＶＡＬＵでは過去に、公式の見解として次のようなメッセージを発信した。

ＶＡＬＵは、夢や目標をどう実現していいかわからない方、金銭的な理由で実現できない方などが、継続的に支援者を募れる場所をつくりたいという思いで開発しました。

目指すところは、このメッセージに尽きるのだろう。

有名だったり資金力のある人が勝つのではなく、自分の価値を最大化する工夫をした人が相応の対価を得られる。人間の価値とは、いったい何だろう？　という問いかけを、社会に投じたサービスだともいえるのではないか。

「好きなことで生きる」ために

現状では、何億円もの資金調達ができるわけではない。しかし小物販売や移動型ショップなどスモールビジネスの立案、新進のアーティストやマンガ家の創作支援費用ぐらいなら充分にまかなえる。10万円ぐらいでも、支援を投じてくれれば数カ月は何とか活動できる、という人は少なくない。

「この人がなんとなく好き」「ずっと活動してほしい！」というエールの気持ちを可視化して、経済の原理を適用することで既存のルールとは違う、別の経済圏が立ち上がっている。フィアットマネーの枠組みで作られた経済圏の常識を、覆しかねないインパクトに満ちたものだ。

古い世代が慣れ親しんだものと異なる指標で動いているので、違和感があったり、前述したような揶揄や批判が起きるのも、無理はない。

しかしこうしたサービスもまた、ブロックチェーンの技術と同様だ。世に現れてしまったものは、もうどうにもならない。利用する人たちの成熟スピードに合わせて、法規制にとらわれることなく、態様を自在に変え、進化していく。

いつの時代も、サービスを使いこなし、幸せを生み出すのは人の知恵だ。

過去に僕は著書で繰り返している。純粋な気持ちで応援してくれる人を増やせば、「好きなことだけで生きていく」人生は、誰にだって可能だ。

ブランドを確立できれば、何も怖くない。

ＶＡＬＵはそのサポートに役立つ、今のところ最適のサービスだと思う。

課題は、利用者を増やすことだ。リリース以降、すぐに1万人を突破したけれど、従来型の経済圏を脅かすには到底いたっていない。

しかし今後は、個人発信の活動でセレブに並ぶＶＡＬＵをつける人が出現したり、世界的著名人が参入してきたりする可能性は、大いにある。

ポテンシャル的には、これらの経済圏が円と並び立ち、グローバルの市場に一角を成す将来も絵空事ではない。

メルカリにしろ、ＶＡＬＵにしろ、タイムバンク※やＣＡＳＨ※といったサービスにしろ、それこそビットコインをはじめとした仮想通貨も同じだ。これまで値段がつかないと思われていたものに値段がついた。隠れていた「価値」を可視化させ、あるいは新たに生み出してしまった。

それらの場所で、価値の交換手段として使われる新たな通貨は「額に汗して」「我慢に我慢を重ねて」ようやく手に入れることのできる、これまでの「お金」よりも、貯め込まれて死蔵しづらいという特性を持つ。

なめらかに経済を回すための、潤滑油になる可能性を秘めているのだ。

お金が要らなくなる社会

グーグル創業者の提言

近年、僕は「遊びが仕事になる」と主張している。

その詳細は、きちんと書きまとめた著書を読んでもらいたいのだが、要は「働か

CASH
自分の洋服などを写真で撮影するだけで査定が行われ、アイテムを発送する前に現金化できる「即時買取アプリ」リリース直後の申込殺到で2カ月サービス停止になったことも話題に。

タイムバンク
メタップス社が運営する「時間を売買できるアプリ」。自分の時間を売りたい人と、その人の時間を買いたい人を繋ぐ取引所。発行者側は著名人など一定の条件が必要。購入した時間は発行者からのリワードとして使うこともできるし、市場価格で売買することもできる。

なくてもいい世界」が、現実のものになりつつあると言いたいのだ。

２０１４年７月、ベンチャーキャピタルが開いた年次カンファレンスで、グーグル共同創業者のラリー・ペイジとセルゲイ・ブリンが、公開インタビューに応じた。

当時からすでにＡＩの技術開発は着々と進んでいた。社会学者たちの間では「今の仕事の半分以上が、人間より良い判断ができる機械にとって代わられる」「10～20年後には農業人口が激減した時と同じ変化が起こり、混乱が生じる」などの悲観的な意見が挙がっていた。

論争の標的となっていたのが、グーグルの開発する先進的なコンピュータマシンや、アルゴリズムだった。**グーグルの発展が、多くの人々から富や幸せを奪ってしまうのではないか？** というわけだ。

公開インタビューの場で、この話題となった時、ペイジ氏はユニークな持論を展開した。

「今はもう充分に『豊かな時代』なのだから、必死になって働く必要はないのでは？」と語ったのだ。そしてこう続けた。

「我々が幸せになるために必要な資源は、かなり少ない。今ある資源の１％以下じゃないかと思うくらいだ。多くの不必要な活動が、忙しさや環境破壊の元凶になっているんだ」

ペイジ氏は「もう必死に働かなくていい」「働かなくても富はある」ことを、世界の人々のほとんどが認識できていないのに不満のようだった。

何かやることがないと、何かを生産し続けていないと「不幸になる」と思い込んでいる。仕事をしていないと、満足できなくっているのが、現代人だ。さらには、働いていないと金は得られないという常識にとらわれている。

グーグル創始者の２人の賢人は、その常識は単なる幻想だと気づいていた。さすがだと思う。**仕事や機会を奪うのは、テクノロジーではなく、人々が勝手に作りだした幻想なのだ。**

彼らの論旨には、僕は大部分で同意する。

テクノロジーは人間から何かを奪ったりはしない。金も仕事も、奪うのは人間の思考だ。

お金はもうすでに大量に有り余っていて、人が働く必要は急速に消えつつある。テクノロジーは、その真実を明らかにしているのだ。

お金の価値は下がっている

これまでの歴史では、働く対価として、お金は機能してきた。間違ってはいないのだけれど、正しいわけでもない。お金の対価を求めて働き続けたせいで、「お金のために働く」「働かないと生活できない」「幸せになれない」という誤った常識が、固定化してしまった。

ところが、テクノロジーのお陰で、人間が汗水垂らして働かないといけない場面は、どんどん減っている。ということはお金の出番が減っている。以前ほどには、ありがたくなく、投じた手間や苦労を、ねぎらってくれるものでは、なくなっているのだ。

僕がいろんなところで「お金の価値は相対的に下がっている」と、しつこく説いているのは、そういうことだ。

数十年前なら、新聞を購読しないと知り得なかった密度の高い情報は、ネットで無料開放されている。情報に関していえば、お金での価値はほとんどない。

またグーグルの主導による無人自動運転技術は、タクシー運転手を要らなくする。やがて料金を払わずどこにでも移動できる、無料タクシーが登場するだろう。

ＡＩによってすべてのインフラが無料で済み、人々が職に就かなくても一生、楽に暮らしていける世の中は、きっと到来する。いわゆる技術的特異点（テクノロジカル・シンギュラリティ）の到来は、人工知能研究者の間では２０４５年と推測されているようだ。わずか４半世紀と少し。そんなに遠い未来ではない。

重ねて言うが、お金の価値は下がっている。今後も下がっていくだろう。

そんな社会で、豊かになれる人は、どんな人だろうか？

答えはひとつ。**お金との交換ができない独自の価値基準**を持っている人だ。

お金持ちよりトリュフ持ち

僕は例年、11月末に北イタリアにトリュフを掘りに行っている。北イタリアのアルバ産の白トリュフは、グルメ市場で最高級品だ。ヨーロッパでは「お金持ちよりトリュフ持ちの方がモテる」と言われている。

僕は「トリュフ持ちになってモテてみよう！」と思い、現地で白トリュフを買ってみた。２キログラムで１５０万円もしたけれど、実験には手頃な値段だ。

数人の友達と分け合い、僕の持ち分は1キロになった。日本に帰り、それを知り合いのシェフがいるレストランに持ち込んだり、仲間内で分け合った。すると「こんなにすごい食材を持って来てくれて、ありがとう！」「私にも少し分けて！」と、大変にモテた。体感的には、ビジネスや投資などでお金を使う以上に、モテモテだった気がする。

実験で確信を得た。価値のあるものを持っている人が、お金持ちより、良い思いができるのだ。

勘違いしないでほしいが、白トリュフさえ持っていればいい、ということではない。キロ単位の白トリュフを入手できるルートとノウハウ、それを価値化できる料理業界との繋がり、僕自身の信用度など、いろんな要素がからみあって、白トリュフで「モテる」経験を得られる。

150万円で最高級の白トリュフを2キロ仕入れるためには、実は相当なノウハウがいる。モテのコストパフォーマンスとしては悪いかもしれない。

でも価値とは結局、そういうことだ。

ノウハウやプレミアムなスキルなど、他の人が簡単には入手できないものを、装備すること。すると、お金では代替できないモテ価値が生じるのだ。

お金持ちより、トリュフ持ち。この事実を理解できるかどうかが、価値主義社会で生き残る分かれ道になるだろう。

銘柄思考を持つ

今後は、お金などの資本に変換される前の価値を中心とした世界へ変わっていく。「資本主義」から「価値主義」への流れが起きているのだ。

その潮流で、クラウドファンディングやＶＡＬＵのようなサービスが注目されているのは象徴的だ。僕も「価値主義」の発想で、自分たちの和牛アンバサダーユニット「WAGYUMAFIA」の世界照準のブランディングに努めている。

人々の働き方は、根本から変わっていくのだ。労働の大半をロボットが請け負う、本物のＡＩ時代が到来する。その変化を、より意識しながら、あなたたちはお金を使っていかねばならない。

その意味で僕は、「社会にとって役に立たないこと」を、どんどんやった方がいいと思う。社会にとって役立つことは、機械に置き換えられるからだ。

今、役に立っている人は、仕事を失うという皮肉な現象が続出する。でもそれはネガティブな変化ではない。「貢献」「お役立ち」の概念が、刷新されようとしているのだ。

役に立たないことをしている人に価値が生まれ、仕事が集中する。ダイナミックな価値のパラダイムシフトが起きている。この変化を、受け入れてほしい。

例えば元陸上選手のウサイン・ボルトは、人類最速のスプリンターだ。しかし彼のしていることが、社会に役立っているかというと疑問だろう。100メートルの距離を、世界一速く走れるだけのジャマイカ人だ。労働価値の視点で見れば、役立たずの才能だ。

けれど、彼がフィールドを雷光のように駆け抜ける姿には、何億人もの人々が感動した。そして彼と、彼の周辺に、巨大な資本投資がなされた。

足の速さで人類1位になる。本質的には役に立たない能力で、ボルトは巨万の価値を生み出したのだ。

要は「銘柄」だ。ウサイン・ボルトという銘柄は、アスリートビジネスの世界で、お金に換えられない大きな価値を放ち続けるだろう。

銘柄思考を、持とう。

役立つかどうかはさておき、あなたという銘柄に、どんな価値があるか？　金儲けを考えている時代ではないのだ。

マーケティング、ブランディングをしっかり見すえ、自分の銘柄をいかに高く保てるか、工夫していこう。

君はどう生きるのか

パン工場の思い出

20年以上前のこと。僕はパン工場で一晩だけ、商品の仕分けのアルバイトをしたことがある。焼き上がったパンをピッキングして、納品先ごとに振り分け、伝票と一緒にまとめる作業だった。工場内では数少ない、人間がアサインされている仕事だったと思う。

当時でも、僕のやっていた作業を自動化することは可能だったはず。しかし、その工場では設備投資をするよりも、人を雇った方が安かったのだろう。

それにしても苦行だった。何の面白さも見出せない仕事だった。

自動化した設備で全部できる。人間がやるメリットがまったくない。そんなつまらない作業の対価が日当1万円とは……絶望的な気持ちになった。

こんな割の合わないことはできない！　と一度で辞めてしまった。それ以来、工場のアルバイトはやってない。

設備投資せずに人間にやらせている無駄な仕事が、昔は本当に多かった。ニュースなどのアーカイブ映像で見ると、昭和のサラリーマンの仕事の大部分は、めちゃくちゃ無駄だったと思う。

みんなよく耐えたものだ。まあ、すべて過ぎ去った時代の話だ。

19～20世紀の先進国は、産業を効率化しなければいけなかった。自動車産業でも何でも機械化が進められていた。

その反対に、パン工場のように機械化できない、あるいは機械ではコスパが悪い部分に人間がアサインされ、報酬を得る手段として、人々は仕事を受託していた。

しかし21世紀以降はＩＴ技術が発達した。効率的に機械化できる領域が増し、人は興味を持てる労働を選べるようになった。「機械の代わりに人が働く」時代から「人の代わりに機械が働く」時代への移行だ。

人間が手間暇を割かないといけない現場は、みるみる減っている。

人間はロボットにはできず、人間だけができることをしないといけなくなった。

それは何か？

遊びである。

21世紀は、**仕事と遊びの境界が溶けてきている時代**だと、僕は考えている。

いやいや働かられても迷惑

よく「生活のために働いている」「家族を食べさせるために働いている」という言葉を聞く。いまだに意味が理解できないのだが……ここではさておき。

まったく反対に「生活のために遊んでいる」「家族を食べさせるために遊んでいる」人生は、夢想ではないと、気づいてほしい。

生きるための仕事なんていうものは、なくなったのだ。

ベストセラーとなった『サピエンス全史』には、「人間はかつて穀物の家畜だった」といった記述があるが、実に言い得て妙だ。

狩猟採集生活をしていた頃、人々は喜び勇んで、狩りに取り組んでいたはずだ。しかし農耕生活を始めたことで、生きるために、嫌でも畑を耕さなければならなくなった。

人々は集団＝家族で暮らし、土地に根を張って生きていく選択を強いられた。その果てに、住む地域を移動したり、仕事を選ぶ自由を失ってしまった。

そもそも産業革命によって、機械化が進んでからは、人は生きるために働く必要がなくなったはず。しかし市場原理のなせるワザなのか、産業革命以降も安い仕事でも渋々働いてきた人たちが、ほとんどだ。

「食べていくために」安い仕事で我慢している人たちが、実は経済発展において、大きなネックだ。低い待遇で働こうという集団がいる以上、労働単価は上がらないのだ。言葉を選ばずに言うけれど、すごく迷惑な存在だ。

「こうあるべき」という妄想に、意味もなくとらわれている人が多すぎる。働くとは、辛いこと。そんなこと誰が決めたのだ？

遊んで暮らしてもいいし、遊んで食べていける環境はもう整っているのだと、どうして気づかないのだろう？

決まったオフィスで働き、毎日決まった家に帰らなければ生きていく必要なんてないのだ。安い賃金で、いやいや仕事している人は極端な話、社会の発展を邪魔していると思ってくれた方がいい。コンビニやスーパーのレジにしても、不満が出るような安い時給でも、その仕事を選ぶ人がまだたくさんいるから、全体的な機械化が進まないわけだ。

不満のある仕事を選ぶ人がいなければ、その仕事の労働単価は上がり、人件費が機械化のためのシステム開発コストを超える。そうなれば不満を言いながら働いていた人たちは、好きな別の仕事に就くことができる。やりたい仕事で楽しく、笑いながら働く人たちは、もっと増えるだろう。

仕事観も家族観も、もっと合理的に自分を解放しよう。

決して「私には無理」ではないのだ。僕はしつこいぐらい、説き続けていく。

答えはひとつ「わからない」

人はもっともっと、楽しく仕事して、生きられるはずだ。

僕自身は、仕事中は笑ったりふざけたりするタイプではないが「楽しいこと、面白いことをやろう」という意識は、常に持っている。

仕事のプロセスで壁に行き当たり、つまらないトラブルを持ち込まれ、イライラすることもある。けれど壁を乗り越えたり、トラブルに対処する作業までを楽しんでいる。**自分で選んだ仕事だから、誰にも責任転嫁しない**。

大切なのは「他人の時間」に生かされるのではなく、「自分の時間」を生きる意識だ。

例えば営業マンの無駄話に付き合わされているようなときは、「他人の時間」を生きていることになる。逆に、志の高い、頭の良い仲間たちと飲みに行く時は、「自分の時間」を生きているといえる。つまらないヤツと付き合っている暇なんか、ないのだ。

ツィッターやメルマガでみんなの話を聞くと、20代から年金の心配をしていたり、老後までの人生のロードマップを語りたがったりする人が、まだ多い。正直、驚くばかりだ。

他の場でも、しょっちゅう「堀江さん、将来の日本はどうなりますか?」と聞かれるが、答えはひとつしかない。

わからない。

10年後、20年後の未来について、どんな賢人や学者に聞いたところで、正解など存在するわけがないのだ。

20年前に、スマホがグローバルのインフラの中心になるなんて、僕を含めて誰も予想できなかった。トランプ大統領が出現したり、ブラジル代表が自国ワールドカップでボロ負けしたり、チャイナマネーが日本の観光地を席巻したり、東日本大震災が起きるなんて、予想できた人がいるだろうか?

先の予想や心配なんて、何の意味ないのだ。

誰もが、永遠の時間を持っているわけではない。**まず「いまここ」の時間の使い方を大事に考えないとダメだ。**

金を得て君は何をするか

辛いことはＡＩに躊躇なく任せ、自分の時間を生きよう。

そういう人が、お金ではない「評価」を高められる。それがひいては、「信用」となるのだ。

社会は今、急速に「評価経済社会」に舵をきっている。お金にできない評価を多く集めた人が残っていく。

お金より、信用稼ぎだ。

仮想通貨の世界は、その思想との相性が非常に良い。

誤解してはいけないが、信用は通貨にとって代わると言いたいわけではない。

信用という大きな概念の一種のツールとして、通貨が使われている。逆に言うと、通貨はその程度のものだ。信用と通貨、どっちが優れているという論争は根底が間違っている。

とにかく、信用の概念をみんなで共有できれば、別に通貨に頼る必要がないよね？　ということを、僕は伝えたい。

今のところ仮想通貨やトークンエコノミーが、**信用の共有の実践に便利**だということだ。

「金持ちになるにはどうしたらいいですか？」と、うんざりするほど聞かれる。もう数万回言ったかもしれないが、僕自身は金持ちになろうとしたことがない。金持ちになりたいとも考えてなかった。金持ちになる方法はあるけれど、金持ちになって君はどうするの？　と疑問を問いかけるのが一貫した姿勢だ。

金持ちになんて、ならなくていい。世の人たちにとって、「堀江貴文は信用できるね、何か価値があるよね」と思ってもらえたら充分。その評価の取引において、現金が使われても、使われなくても構わない。むしろ現金が介在すると税金が取られるので、ひどい損だ。

仮想通貨回りの近年の騒ぎや、規制の動きなどを見ていると、本当にみんなマインドは変わらないなぁ……と、呆れてくる。僕は仕方ないので真面目に税金は払っていくが「通貨の縛りから解放されて自分の時間を楽しんでいこうよ！」と、しつこく世の中に言い続ける、おせっかいな存在であり続けるつもりだ。

評価経済への不安

「モテない」スパイラル

一方で、信用と評価をなかなか上げられないタイプの人は確実に存在する。若くなく、イケメンでもない独身。努力はするけど空回り。友達も恋人もなく、一度もモテたことがない。自分に自信はないけど、承認欲求は高い……という、面倒くさい人だ。

わかりやすいのは福本伸行さんの名作マンガ『最強伝説黒沢』の主人公・黒沢だ。黒沢は44歳の土木作業員。自分の人生が、ひどく満ち足りていない事実を嘆いている。しゃくれた顎が特徴。背は180センチを超えるけど、情けない中年太り。小心者がゆえ、妄想にとらわれ、無茶な挑戦に臨んだりする。

とことん運が悪く、可哀想なぐらい、いけてないおっさんだ。しかし、そのいけてなさが何だか愛嬌があり、決して悪人ではない。僕はけっこう好きなキャラクターでもある。

世のほとんどの「低信用」「低評価」の人たちは、黒沢的な人生を送っているのではないか。

そういう人たちにとっては、評価経済社会は少々生きづらいかもしれない。

自分の魅力での成功体験が少ないと、通貨主義というか、お金に拘泥してしまうのも、まあわかる。時給いくらとか年収いくらとか、それは高い、こっちは安くて得……など、**お金換算で物事を考えがちな人ほど、モテない属性に固定される。**

モテない属性での思考は、モテない現実を呼び込み、よけいモテなくなるという悪循環に陥っていく。貧乏人が、さらに貧乏になるのと同じメカニズムだ。

もちろん、モテなくても別に幸せに暮らしていけるし、悪いことでもなんでもない。だが黒沢のように「評価されたい！」「受け入れられたい！」と願う人の方が、圧倒的に多いだろう。

黒沢側の人たちが、どうやって評価経済社会にフィットしていくのか？　これは実は、難しい問題だ。

難しいのは策がないというわけではなく、結局は当人の気持ち次第だから。

評価を上げる方法や信用を得る方法はいくらでもある。しかし、本人がやらなければ、何も意味がないのだ。

僕は誰にでも、有用なアイディアや意見を無償で与えようと努めている。でも他人の気持ちは、どうにもならない。

アイディアや意見を実行するには、本人に変わってもらうよりないのだ。

評価経済社会に対して、魅力不足・信用不足で不安を感じている黒沢的な人たちには、まずわかってほしい。

あなたは、そんなにいけてないわけじゃない。

ちょっとの工夫と、ちょっとの勇気が、発揮できていないだけだ。

小さな変化が鍵になる

あなたはモテていないのではなく、ただ単に、モテる場所に出かけていないのかもしれない。

スマホを使えばグローバルにコミュニケーションの選択肢が広がっている今、「自分の魅力に誰も気づいてくれない」なんて、怠け者の弱音でしかないと思う。

ハンサムではないけれど、エド・シーラン※や米津玄師※が熱狂的な女性ファンに支えられているのは、飛び抜けた歌の才能もあるけれど、ユーチューブなど、それを発揮する場所に出かけたからだ。

歌も歌えないし話し下手だし、ブサイクだし……と、いじけているおじさんは多い。自分は誰からも評価されない、一生モテることなんかないと、決めつけている。そんなヤツは、ただ自分磨きの日々研鑽、努力を怠っているだけだ！　と、ばっさり切ることもできるけど、僕としては、ただ「じっとしてるだけなんじゃないの？」と問いかけたい。

現に『最強伝説黒沢』の黒沢は、冴えない非モテのおっさんだが、行動しまくる姿に僕や何百万人の読者が感動したではないか。

無謀で支離滅裂な行動ではあったが、彼は多くの読者にモテまくっているのだ。黒沢のがむしゃらさに勇気をもらえたと、評価と信用が集まっている。

非モテは、評価経済社会で、ふるい落とされるというのは誤解だ。

動き出しが、足りない。

評価経済社会だろうと通貨主義社会だろうと、動かない者が負けるという真理は変わらないのだ。

エド・シーラン
イギリスを代表するシンガーソングライター。一時はホームレス生活を送りながらも路上ライブなどを300回以上重ねていた。

米津玄師
ミュージシャン、ビデオグラファー。2000年代後半からボカロPとして活動開始し、2013年にメジャーデビュー。2018年にはYouTubeで自身の楽曲2曲が再生回数1億回突破。

そんな大きな一歩でなくてもいい。微動でも構わない。

仕事帰りにひと駅ぶんだけ歩いてみるとか、ジャンクフードをやめてちゃんとした定食屋で食べるとか、年2回歯石クリーニングするとか、ヒゲはきちんと剃るとか、その程度の動き出しでいい。今ならファッションバイヤーで有名なMBさんのメルマガ読者になるのは、お薦めだ。

ちょっとの勇気で、ちょっとの行動を起こす。その一歩は、見た目の何倍もの距離へ歩み出すことになる。

そうした小さな変化は、また次の変化を呼び、評価・信用に繋がる好循環になっていくと保証しよう。

評価経済社会は気持ち次第で、誰だってついていける。もちろん、あえてついていかず通貨主義社会で生きるという選択も否定しない。

けど黒沢のように、モテたい、評価されたいというなら、動き出そう。いつもとは違うところへ、出かけてみよう。

とりあえず面白そうなものをやってみる。それでもいい。

すべては〝これから〟のこと

目立たなくても評価できる

４年前に立ち上げたオンラインサロン・ＨＩＵ（堀江貴文イノベーション大学校）には、現在１８００人のメンバーがいる。メンバーはそれぞれＩＴ技術者や飲食店の経営者、公務員、主婦まで、幅広い背景を持っている。

今年、ＨＩＵが、トークンであるＨＩＵコイン「ＨＩＥ」を発行した。サロンの場で、トークンエコノミーの実験をしてみようという発案で、会員たちがシステムを組み、運営を始めたのだ。日本国内では法規制があるので、まずはエストニアを拠点として、ＥＵ向けに起ち上げた。

将来的にＨＩＥはサロンの中であれば、お金の代替として幅広い使い方ができるかもしれない。トークンエコノミーの特性を検証する、個人的にも注目のプロジェクトだ。

オンラインサロンでは、数々のビジネスが立ち上がっているが、一方で、どうしても評価経済の仕組み上、自己アピールやコミュニケーションが得意な「目立つ人」が強い。

でも、そういうタイプじゃなくても、真面目にすごく頑張ってくれる人もいる。彼らが正当に評価されるための、何かの基準が欲しかった。

いわば「信用ポイント」を貯めていくような仕組みだ。

2018年5月現在、HIEはEU向けの発行を終え、エストニアにHIEホルダーやHIU会員のための海外拠点となる、コワーキングスペースの立ち上げを始めている。

HIEの運営に僕自身は直接タッチしていない。サロンのメンバーが、ほとんど動いてくれている。HIEが自律的に、どんな経済圏を作っていくのか、楽しみに観察しているところだ。

すでにサロンではたくさんの分科会が立ち上がっていて、それぞれにビジネスを進めている。デザイン作成やスペース確保などの人手をかける依頼で、将来的には「HIEでギャラを払うよ」と報酬払いすることも可能になるだろう。もちろん相互が信用して、理解し合った上での取引だ。

実際に分科会同士でも、報酬のやり取りや支払いが生じた場合、割とカジュアルにビットコインやイーサリアムを使っている。将来的にＨＩＥはＨＩＵ内での横連携を取りやすくするツールとして、役立つ可能性を大いに秘めている。

電子政府のもとで

また前段で述べたように、今夏、エストニアでコワーキングスペースを構える予定だ。

海外のリアルの地に、サロンメンバーがいつでも利用できるオフィス、もしくはイベントスペースを持つ。これはトークンエコノミーの、けっこうな成果ではないだろうか。

余談だが、エストニアの電子政府e-residency※は、ヨーロッパ諸国の対外政策の中でも、秀逸な制度だ。

5月には都内で、e-residencyを推進しているエストニアのチームの来日に合わせた有識者セミナーが行われた。これには日本人の聴講希望者が殺到したらしい。ト

e-residency
外国人がエストニアの電子国民になれる制度。日本にいながらエストニアで法人を立ち上げることもできる。IDカード登録費用として100ユーロが必要だが、申込はオンラインで可能。

ークンエコノミーの流れを追いかける上で、エストニアは見逃せない国家となっている。

今年中には、エストニアの首都タリンで、「ホリエモン祭」を開催するつもりだ。そこでの費用、決済をすべてこのコインで、まかなえると面白い。

このトークンを使って何がしたいのか？　と聞かれることがある。それは的を外した質問だと思う。

先にも述べたように、これは実験だ。

一部、可視化されつつある「信用」の貯金を、もう少し具体的に、精緻に行ってみる。そこから規制などのせいで完成しなかった、自由な発想によって作られる、新しい景色が見られるかもしれない。

その予感は、少しずつだけど、現実化しつつある。

目指すものを定めるのではなく、トークンでこんなことができた！　というワクワクを楽しんでいきたい。

社会実験の果てに

ノーベル経済学賞を受けたフリードリヒ・ハイエク※は、自身の打ち立てた高度な経済理論の中で、こう述べた。

「国家ではない主体が発行する通貨が流通する方が、通貨はお互いに安定する」と。ビットコインが出現したときに、さかんに挙げられた論だ。

僕はこの論を支持する。

現行の円だけで経済が完結している日本社会は、僕は不安定だと思う。量的金融緩和とかマイナス金利とか、金融既得権益の上層部のわずかな操作で、景気が変動してしまうような通貨形態は弱すぎる。だいいち、不公平だ。

ブロックチェーンを使った仮想通貨は、人類が生みだした中で、最も公平性と透明性に満ちた経済ツールになりえると信じている。

誤解されたくないのだが、別に円を排除すべきだとは考えていない。まずは、仮想通貨と円との共立を目指したらいい。そうすることで日本社会は経済的な安定を

フリードリヒ・ハイエク
1899-1992　オーストリア生まれの経済学者。20世紀を代表する自由主義の思想家。通貨の脱国営化論を唱えた。

高め、世界市場からの信用度も、上昇するはずだ。

何度も繰り返している言葉を、ここであらためて載せておこう。

「いつまで君は、円建てで、人生を考えているんだろう？」

お金について考える時、多くの人々は、日本円と結びつけた思考しかできない。だから損得勘定から、抜け出せないのだ。

仮想通貨の中で経済取引ができるようになると、人はひとつの通貨の多寡だけに惑わされることがなくなる。仮想通貨と法定通貨、あるいは仮想通貨同士の相互関係を前提として、複眼的に経済の動態を捉えることができる。

持っているそれぞれの通貨が増えた減ったはどうでもいい。自分が選択し、納得ができる特定の経済圏で、いかに「自分の富」を構築していくのか、というフェーズで思考できるようになる。

日本円の貯金は1円もないのに、仮想通貨や信用の貯金だけで、遊びを仕事にして円建ての生活とまったく変わらないレベルで暮らしている。そういう人が、これからもっと増えていくだろう。

一方で、イーサリアムが提示するような未来を、ディストピアのように捉える人たちもいる。

自律分散型の社会――それはシステムが中心にあって、人がそれに従属するという「ビッグ・ブラザー」が支配するジョージ・オーウェル※の『１９８４年』が描いたような、管理された終末世界のきっかけとなるのではないか、というものだ。

想像力の豊かな意見だが、僕は「なるほど」とは思わない。

シンプルに返すと、そういうことを言う人たちは、そういう人たちだけの経済圏でとりあえず生きていけばいいでしょう、と答えるのみだ。

イーサリアムだけではない。仮想通貨の設計は、たしかに多少のリスクをはらんでいる。それらはまだ未完成のものだからだ。

ビットコインが世に出現してから、まだ10年も経っていない。可能性は無限だが、改善改良すべきところは、いくつもあると思う。

僕は仮想通貨が、万能だとは言っていない。

国家発行の通貨に頼らず、世界中の人たちが望むような幸せを得るのに、最適のツールだとは思う。でも、そのパーフェクトな使い方を、まだ誰も見つけ出してい

ジョージ・オーウェル
1903-1950　イギリスの作家。全体主義への批判を込めたディストピア小説の金字塔『1984年』など。

ないのだ。

すべては模索中。遥かな社会実験の途中だ。

仮想通貨は魔法の道具ではない。

どのように使っていけばベストなのか？　最適解を、僕たちみんなの知恵と実践で、探していこうという段階だ。

人々の願う幸福や希望と組み合わせることで、新しく現れてくる世界の像を、僕は心から期待している。

すべては〝これから〟だ。

終わりに――エストニアにて

第5章で書いたエストニアの進展について、もう少し考察しよう。

今はe-residencyが知られている状況だが、エストニア政府はエストコインの流通を、より推進してくると思う。例えば「e-residencyに登録して、1000万円分のエストコインを買えば、市民権を付与する」という対外政策を打ち出してきたり。可能性は大いにありだ。

仮想通貨の市場で、1000万円払えば、世界中誰でもエストニアを拠点に、EU国民になれるというわけだ。

エストニアの人口は約130万人。それも、ほとんど首都タリンに集中している。国の規模は小さく、せいぜい札幌ぐらいだ。国内にインフラを張り巡らせるコストが、自国内の資本では作れない。再独立した直後の主だった税収源は、長くカジノぐらいしかなかった。

それが近年、電子国家へスライドしたことにより、海外資本が大量に流入してきた。その流れを推し進めるためにも、エストニア政府は規制を緩め、仮想通貨を基点に「海外エストニア人」になれる制度を実施するかもしれないのだ。

実現すると、本当に面白い。

国の枠にとらわれないで活躍したいと願う者が、こぞってエストニア人になる。そして信用度の高いパスポートを手にして、EUを自由に行き来しながら、ビジネスを幅広く展開するに違いない。

何なら僕もエストニア人に加わりたい。

日本にいながらEUの一員として、ほぼ地球全体をターゲットにして自分のやりたいことをネット上に展開できる。そんなワクワクする世界は、すぐそこにきているのだ。

エストニアはスマートコントラクトをベースにした国家になろうとしている。その流れは止めようもない。

批判的な人は、同じような人たちのコミュニティの中で閉じ、受け入れる人たちは、よりオープンな世界へ飛び出していく。その二極化は、進んでいくだろう。

あなたは、どちら側に行きたいだろうか？

答えは自ずと出ているはずだ。

仮想通貨の利用法は無限で、どんなことも可能だ……と、子供っぽいことを言うつもりはない。

ただ、その歴史と使い方を知っているだけで、お金のせいでできなかったことの何割かができるようになる。加えて、お金の不安から今よりは逃れられるんじゃないの？　と知ってほしい。本書では、その役割をいくらかでも果たせたのではないかと思う。


本文内でも述べたように、中央集権型の社会システムは、耐用年数が尽きかけている。運営方法自体、今の時代に無駄が多すぎるのではないか。教育も、インフラも、徴税も、全部そうだ。

テクノロジーがあれば、ほとんどは最適化できる。

もう、これまでのシステムはいらないのだ。

システムを移行していく段階でも、いろいろな軋轢やトラブルはあるだろう。それらをいかに解決していくのかが、僕たち人間の知恵の使いどころだ。

仮想通貨ぐらいで、あたふたしている場合じゃない。

国が必要なくなっていくとしたら、テクノロジーをどのように活かして、次の世代に新しい社会モデルを引き渡していくのか、真剣に考えていけばいい。

お金がなくて不安だとか、資産を少しでも残したいとか、そんな小さな悩みにとらわれていると、〝これから〟を見失うだろう。

社会実験を、楽しもう。

テクノロジーを信じよう。

未来は決して悪くない。バラ色とまでは言わないけれど、ディストピアでもない。

すべては、あなたの理解と気持ち次第だ。

［著者］堀江貴文 Takafumi Horie

1972年、福岡県生まれ。実業家。SNS media&consulting株式会社ファウンダー。東京大学在学中に有限会社オン・ザ・エッヂを設立。元株式会社ライブドア代表取締役CEO。現在は宇宙ロケット開発事業を中心に、作家活動、ビジネスコンサルティング業務のほか、スマホアプリ「TERIYAKI」「755」のプロデュース、和牛アンバサダーユニット「WAGYUMAFIA」など、多ジャンルで活動。近著に『自分のことだけ考える』（ポプラ社）、落合陽一氏との共著『10年後の仕事図鑑』（SBクリエイティブ）など多数。

有料メールマガジン
『堀江貴文のブログでは言えない話』

会員制コミュニケーションサロン
『堀江貴文イノベーション大学校』

［監修］大石哲之 Tetsuyuki Oishi

ビットコイナー。2013年よりフルタイムでビットコイン及び暗号通貨の事業に関わる。ブロガーとして暗号通貨の技術を噛み砕いて紹介。Ethereumを日本で初めて一般向けに紹介し「イーサリアム」と翻訳した。暗号通貨の普及と、技術の育成を目的に活動している。（社）日本デジタルマネー協会理事、（社）日本ブロックチェーン協会アドバイザーほか、エンジェル投資家としてウォレットやクロスチェーン等の事業へ複数投資している。

1975年生まれ。慶応義塾大学卒、外資系コンサルタント会社、起業等を経て現職。著書に『コンサルタント1年目が学ぶこと』（ディスカヴァー21）、『3分でわかるロジカルシンキングの基本』（日本実業出版社）など、20冊以上。

校正・編集協力
髙橋謙太朗　蒔苗太一　西井康隆
藤田せい　さのまふゆ　鈴木貴子
三浦康幸　やまつさとし
（堀江貴文イノベーション大学校）

構成
杉原光徳　浅野智哉

編集
時田 立（徳間書店）

これからを稼ごう　仮想通貨と未来のお金の話

2018年6月30日　第1刷発行

著　者　堀江貴文
監　修　大石哲之
発行人　金箱隆二
発行所　株式会社 徳間書店
〒141-8202　東京都品川区上大崎3-1-1
目黒セントラルスクエア
電話　03-5403-4984（編集）　048-451-5960（販売）
振替　00140-0-44392
印刷・製本　図書印刷株式会社

ISBN978-4-19-864620-2